TOUT EST ENCORE POSSIBLE !

MANIFESTE POUR UN OPTIMISME RÉALISTE

Propos recueillis pour *Inexploré Magazine*
par Stéphane Allix, Sébastien Lilli,
Miriam Gablier et Réjane Ereau

Christophe André
Patrick Burensteinas
Christophe Caupenne
Guy Corneau
Marie-Pierre Dillenseger
Laurent Gounelle
Jean-Claude Guillebaud
Nicolas Hulot
Rupert Isaacson
Frank Lalou
Jean-Yves Leloup
Fabrice Midal
Samuel Pisar
Dominique Rankin
Jeremy Rifkin
Caroline Simonds
Danièle et René Sirven
Liliane Van der Velde

Sommaire

Je reste optimiste, et vous ? 7

Partie 1 : Ils ont rencontré l'ombre

SAMUEL PISAR
J'ai déjà vécu la chute d'un monde 13

RUPERT ISAACSON
Combat pour mon fils 27

DANIÈLE ET RENÉ SIRVEN
Unis dans le couloir de la mort 37

DOMINIQUE RANKIN
De l'humiliation au pardon 45

Partie 2 : Garder l'espoir

NICOLAS HULOT
On peut encore faire face 57

JEREMY RIFKIN
Vers une génération de partage et de collaboration... 69

Jean-Claude Guillebaud
En guerre contre le pessimisme 81

Christophe Caupenne
L'empathie, une arme de choc 91

Partie 3 : Cultiver l'optimisme

Christophe André
Je suis optimiste par effort 101

Guy Corneau
La maladie, cette aventure intérieure.............. 113

Laurent Gounelle
Je crois à un éveil des consciences............... 123

Caroline Simonds
Rire sur ordonnance........................... 135

Partie 4 : Se nourrir des traditions

Fabrice Midal
Bouddha se passe de l'espoir 145

Marie-Pierre Dillenseger
Décryptage d'un monde en mouvement 157

Frank Lalou
J'ai foi en l'imprévisible....................... 167

Liliane Van der Velde
Voyage chamanique au cœur de la crise 175

Patrick Burensteinas
La beauté du moment présent 185

Jean-Yves Leloup
Tout s'effondre, sauf la vie 195

Je reste optimiste, et vous ?

Le monde m'inspire encore une profonde espérance. Parce que, espérer, c'est avoir confiance dans le fait que l'adversité ne nous atteindra pas dans nos valeurs et notre éthique, quoi qu'elle nous impose au quotidien. C'est avoir la certitude que les difficultés de la vie peuvent nous rendre meilleurs, et que c'est en parvenant à être meilleurs, dans ces circonstances pénibles, que nous améliorerons le monde. L'espérance, c'est la confiance. La confiance dans la vie, dans les forces invisibles qui agissent sur le destin de l'homme et de la Terre. La certitude que notre avenir sera construit par nos actions du présent.

Quel avenir est celui de Samuel Pisar sur le quai de la gare de Bialystok, en Pologne, quand il voit sa mère et sa sœur s'éloigner dans la foule vers Treblinka ? À quel espoir peut-il s'accrocher, lui qui se dirige vers Auschwitz alors qu'il est âgé de 14 ans ? Il est seul au monde, dans l'enfer. Qu'attendre de l'avenir ? Pourquoi vivre ? Pourquoi survivre ? Samuel, pourquoi avez-vous survécu ? Lors de nos entretiens, il a essayé de me faire partager l'impensable : ses années de camps. À mes questions incessantes, il a tenté de répondre afin d'expliquer pourquoi, finalement, jour après jour, il ne s'était pas abandonné à la délivrance de la mort. La vie de Samuel Pisar est la preuve que l'espérance est réaliste. En sortant de nos entretiens, alors que je marchais dans Paris, je ne pouvais faire disparaître de mon esprit l'image de ce jeune garçon plongé dans le plus inhumain des mondes, celui qui fut construit par d'autres hommes, il y a soixante-dix ans de cela. À ce visage qui ne me quitte pas se superpose l'image de notre monde actuel, avec ses défis, ses tourments et ses interrogations.

Ce monde inspire une profonde espérance aux dix-neuf invités que nous avons rassemblés dans ce livre exceptionnel. Pour chacun d'eux, l'espérance est réaliste. Face aux défis incommensurables de notre temps, leur espérance n'est pas construite sur le petit espoir que rien ne change, sur une forme de déni de la réalité ; au contraire, leur lucidité pourrait même nous faire vaciller tant elle nous éclaire sur l'ampleur de la tâche. Non, leur espérance n'a rien à voir avec cet espoir que certains tentent de nous vendre en proposant de nous refermer sur nous-mêmes, considérant le reste du monde comme responsable de la violence, de l'injustice, de la pauvreté, de la pollution… Un espoir aveugle, alors que le monde s'effondre, de conserver notre petit confort. Cet espoir-là se nourrit de la peur. Il est égoïste, parfois méchant et souvent stupide.

L'espérance dont nous parlons dans ce numéro est tout autre. Elle fait le constat lucide des mutations de notre monde et du pouvoir de l'action de chaque individu. Elle ne se voile pas les yeux face aux difficultés qui nous attendent. Toutes et tous réaffirment cette évidence : oui, il est réaliste d'être optimiste dans notre monde confronté à tant de défis et de menaces, car être habité par l'espérance, c'est accepter de se remettre en question ; c'est être volontaire, lucide et généreux.

Stéphane Allix,
directeur de la rédaction, fondateur de l'INREES

PARTIE 1

Ils ont rencontré l'ombre

Ils ont rencontré l'ombre, et parfois de la plus insupportable des façons. Certains, comme Samuel Pisar à Auschwitz, ont connu le pire des enfers. Comment ne pas sombrer alors dans le désespoir et voir la mort comme une délivrance ? Comment — et pourquoi — survivre quand l'adversité est si grande ? Face à l'injustice, face à la mort, face à ce qui nous semble insurmontable, d'où vient la force de faire front ?

Samuel Pisar

Rupert Isaacson

Danièle et René Sirven

Dominique Rankin

Samuel Pisar

J'ai déjà vécu la chute d'un monde

Samuel Pisar, l'un des plus jeunes survivants d'Auschwitz, devenu avocat international, ambassadeur et écrivain, est un témoin essentiel de notre époque. Inébranlablement optimiste, il est convaincu que l'histoire n'est jamais finie, aussi dramatiques que puissent être les défis existentiels qui nous guettent à nouveau. Il s'est éteint le 27 juillet 2015. Son témoignage est inestimable.

> Certes, ce que j'ai subi dans ma chair et dans mon âme a été trop extrême pour servir de leçon à ceux qui ont la chance de mener une vie normale. Mais à partir des diverses existences que le sort m'a imposées, et qui m'ont permis de connaître les abîmes, ainsi que quelques sommets de la condition humaine, se dégage peut-être une réflexion utile pour la génération qui doit maintenant affronter une autre dure époque.
>
> *Le Sang de l'espoir*

Son regard est intense, concentré. Il est attentif au choix de ses mots. Comment rassembler l'essentiel d'une telle vie sur quelques pages ? Comment raconter la fin d'un monde ? Comment expliquer le miracle
Son regard est intense, concentré. Il est attentif au choix de ses mots. Comment rassembler l'essentiel d'une telle vie sur quelques pages ? Comment raconter la fin d'un monde ? Comment expliquer le miracle
de sa survie et de sa renaissance ? Samuel Pisar a hésité longtemps

avant d'accepter cet entretien qui rapporte l'indescriptible. Cet homme est revenu des cendres de l'enfer, un enfer conçu par d'autres hommes, un enfer que les forces des ténèbres cherchent aujourd'hui à recréer. L'émotion est là, contenue mais affleurant parfois dans le ton soudain plus dur, plus sec, d'un mot, d'une intonation. Alors se devine tout le poids de la charge insondable de l'un des derniers survivants de la Shoah, le devoir de celui qui porte la mémoire de millions de victimes. Samuel Pisar avait 14 ans lorsqu'il a été déporté vers les camps de Majdanek, Auschwitz et Dachau. Il est né à Bialystok, en Pologne, en 1929, au sein d'une famille aisée, avec des branches en Australie, en Amérique et en France. En septembre 1939, sa patrie est envahie conjointement par Hitler et par Staline. Les deux années qui suivent, la famille Pisar vit sous le joug soviétique, jusqu'à la rupture du pacte de non-agression Molotov-Ribbentrop, et l'invasion de l'URSS par le IIIe Reich. Le 27 juin 1941, la ville, dont la population juive est alors estimée à 60 000 âmes, est occupée par la Wehrmacht.
Les nazis commencent les massacres dès le premier jour. Début août, la communauté entière est chassée vers un ghetto entouré d'une barrière de bois et d'une clôture de barbelés. Le jeune Samuel et les siens vont y être entassés jusqu'à l'été 1943, quand Himmler ordonne la liquidation du ghetto. La déportation commence le 18 août 1943 et se poursuit durant trois jours : 7 600 juifs sont transportés au camp de Treblinka pour y être immédiatement gazés, et des dizaines de milliers d'autres sont envoyés à Majdanek et Auschwitz. Pour Samuel, l'enfer commence là.

Quels souvenirs gardez-vous de l'invasion russe en 1939, puis de l'invasion allemande en 1941 ?

Durant l'occupation soviétique, alors que j'avais entre 10 et 12 ans, ma vie était encore supportable, même si elle était en rupture avec mon enfance heureuse. La langue à l'école était le russe. La discipline était quasi militaire. J'étais sportif, et trouvais les leçons d'endoctrinement idéologique plutôt intéressantes. Les nazis ont provoqué une cassure beaucoup plus brutale. En juin 1941, le pouvoir soviétique, militaire et civil, s'est immédiatement décomposé. Pour moi, c'était un choc. Je pensais que l'Armée rouge était plus solide. Mais non, tout s'est effondré en quelques jours. Nous avons dû abandonner notre grande maison, et, dans le ghetto, nous nous sommes retrouvés, ma mère, mon père, ma grand-mère, ma petite sœur et moi, dans une seule pièce. Comme j'étais assez grand pour mon âge, on m'a mis au travail. Ensuite, mon père a été exécuté par la Gestapo, et ma grand-mère envoyée à Treblinka. Nous étions maintenant trois : ma mère Helena, ma petite sœur Frida et moi. La liquidation du ghetto, en 1943, est le moment où l'extermination de ma famille a été achevée. Nous savions que nous serions évacués, mais nous ne savions pas où, ni pour quoi faire, même si les rumeurs qui couraient étaient atroces. Quelques hommes qui s'étaient évadés de Treblinka et qui s'étaient joints aux résistants et partisans soviétiques étaient revenus au ghetto pour prévenir que l'on tuait tout le monde dans des chambres à gaz. Mais personne ne voulait ni ne pouvait y croire…

> Le climat dans lequel nous vivions était celui d'une violence absolue. On avait beaucoup parlé autour de moi de la mort, et je savais parfaitement ce qu'elle signifiait ; mais enfin, pour ma petite sœur, pour ma mère, encore si jeune, et pour moi, je songeais qu'il n'était pas concevable d'être tués sans même avoir vraiment vécu.
>
> *Le Sang de l'espoir*

À quel moment êtes-vous séparé de votre mère et de votre sœur ?

La veille de l'évacuation du ghetto, ma mère me dit de préparer ma petite valise. On nous en a autorisé une par personne. Nous sommes en août, il fait chaud, et je mets un short, mais elle veut que je mette un pantalon long. « Pourquoi ? — Parce que tu es déjà un grand garçon. Ils vont peut-être te prendre pour un homme et tu iras travailler avec les adultes. — Et toi ? Et Frida ? » Elle ne répond pas. Je ne sais pas que notre séparation est imminente. Elle le sait, mais ne dit rien. L'évacuation commence à l'aube. Soudain, un soldat SS avec sa mitrailleuse voit l'alliance sertie de petits rubis que porte ma mère et lui ordonne : « Donne-moi ça ! » Elle essaye de le faire, mais elle n'a pas dormi de la nuit et ses doigts sont gonflés. Le soldat saisit alors sa baïonnette pour lui couper le doigt. En voyant cela, je sors précipitamment un morceau de savon que j'ai mis dans ma valise, et, avec un peu de salive, je parviens à faire glisser la bague de son doigt. « *Bitte mein Herr*[1] », lui dis-je en allemand. En ces quelques minutes, je deviens un autre, un homme. Tout change, tout s'accélère autour de moi. Les hommes sont regroupés dans une colonne ; les femmes, dans une autre. Je les vois encore : ma sœur tient la main de ma mère, et dans l'autre, elle a sa poupée. Leur colonne s'éloigne et disparaît de ma vue pour toujours.

Vous êtes seul…

Je me retrouve irrémédiablement seul, avec quelques milliers de prisonniers, dans un champ entouré de gardes armés. Je ne connais personne. Le temps passe, le soleil se couche. Les autres s'allongent sur l'herbe pour essayer de dormir. Je mets ma valise sous ma tête et me couvre du manteau que maman a tenu à me donner en prévision de l'hiver. Je ferme les yeux en essayant de retrouver son visage avant de m'endormir. À l'aube, quand on nous réveille, l'espace d'une seconde heureuse, je crois que tout ce qui vient de se passer n'a été qu'un cauchemar. Mais bientôt nous sommes chassés vers le chemin de fer et poussés dans des wagons à bestiaux. Je fais ce que

1. Voilà, Monsieur.

l'on m'ordonne et ne me lamente pas sur mon sort. Je sais que ma mère est partie avec l'espoir que je pourrais peut-être survivre à ce calvaire. Personnellement, je n'en ai pas envie, mais je comprends que je lui dois d'essayer. Cette pensée me guidera à chaque étape de ma déportation.

Que faites-vous ?

Dans notre wagon, nous devons être soixante-dix ou quatre-vingts. Nous pouvons à peine respirer. Chaque homme est dans un état physique et psychique épouvantable. Je sens que mon désir de vivre est plus fort que le leur, probablement parce que je suis jeune, naïf et inconscient. Sans le savoir, sans le vouloir, sans le comprendre, j'ai engagé ainsi mon long et furieux duel avec le destin.

Le voyage va durer plusieurs jours, parce que notre train s'arrête constamment : les convois militaires ont la priorité. C'est au milieu de la nuit que nous arrivons à Majdanek. Après soixante-douze heures enfermés dans ce wagon en plein mois d'août, nombre d'entre nous sont déjà morts de soif. Quand les portes s'ouvrent, on nous hurle de sortir. Trois bergers allemands, entraînés pour cela, déchiquettent quelques traînards. Je saute sur le quai en enjambant des corps et me trouve au milieu d'une pagaille de coups et de cris sur un champ entouré de barbelés.

De l'autre côté des barbelés, je vois un garde. Je me rappelle que maman m'a donné la montre en or de mon père avant notre séparation. Je m'approche de lui et demande, en lui montrant l'objet : « Est-ce que vous pouvez me donner de l'eau ? » Il me lance : « Jette-la-moi ou je tire ! » Pariant qu'il ne va pas tirer car il n'aura pas la montre puisqu'il se trouve de l'autre côté des barbelés, je réponds : « L'eau d'abord ! » Il s'éloigne, puis revient avec une bouteille d'eau. L'échange se fait, mais à peine ai-je avalé deux ou trois gorgées que les autres prisonniers se jettent sur moi. Ils m'arrachent la bouteille, commencent à se battre, et la bouteille tombe et se casse. Je les vois alors se mettre à genoux et laper les quelques gouttes qui se répandent sur la terre.

> La vie, la vie normale se poursuivait à quelques mètres de nos wagons, tandis que, derrière leurs portes toujours verrouillées, des milliers d'êtres humains entassés, affamés, assoiffés, s'éteignaient dans un désespoir absolu.
>
> *Le Sang de l'espoir*

Comment se passe votre entrée à Majdanek ?

Quelques heures après notre arrivée, on nous ordonne de nous déshabiller pour le « tri ». Une longue file d'hommes nus avance par saccades jusqu'à un officier assis derrière une table. Il me demande mon âge. Je lui réponds que j'ai 18 ans. Il hésite un instant et me dit d'aller dans la colonne de droite, avec ceux qui sont aptes au travail.

> Pour les tris, vous avancez, le pas trébuchant, angoissé, sans pouvoir deviner le verdict, ni si le côté qui vous sera désigné, gauche ou droite, vous sauve ou vous condamne. Pendant quelques secondes, vous êtes jaugé, évalué. Vous tentez de déceler dans le regard, dans les gestes de celui qui dispose ainsi de votre vie, un indice favorable, une chance. Mais ses yeux restent fixes, la voix égale, morne. De temps à autre, il casse le rythme, s'interrompant pour tirer sur sa cigarette, avant de rendre son verdict. Si vous survivez à ces

> tris, vous appartenez à l'élite du monde concentrationnaire. Un monde d'où sont retranchés les faibles, les femmes, les enfants, les vieillards, les chétifs... Un univers hallucinant, où l'on vit quelques jours, quelques semaines, avec un peu de chance, quelques mois.
>
> *Le Sang de l'espoir*

Durant votre déportation, vous avez été « trié » à quatre reprises ?

Oui. Après cette première fois, j'ai eu le crâne rasé, j'ai reçu une tenue bleue rayée, des sabots de bois, ainsi qu'une timbale. Je me rappelle la première distribution de nourriture. Une sorte de bouillie nauséabonde que je ne pouvais pas avaler, malgré ma faim. En face de moi se trouve un prisonnier d'une quarantaine d'années. Il me regarde et me dit : « Fils, écoute... mange ça ou tu vas crever ! Et si tu veux crever, alors donne-le-moi. » J'ai essayé de comprendre ce qu'il voulait dire, et je me suis forcé à avaler ce breuvage répugnant. Cette scène sera décisive, car on ne pouvait pas travailler douze heures par jour comme un esclave avec l'estomac vide.

Dans le récit de votre déportation, vous restez très pudique sur cette période. Pourquoi ?

Les autres l'ont racontée. Ces films, ces images que vous avez vues, ces milliers de corps émaciés, squelettiques, je ne voulais pas trop insister dessus. Je parle de tout ça d'une manière sobre parce qu'il faut raconter l'essentiel, mais il ne faut pas trop s'étendre sur l'insupportable. Tous les jours des gens disparaissent. Moi, je reste vivant. Le temps n'existe pas pour moi. Je ne sais quel jour nous sommes, ni quelle date. Je perçois seulement les saisons.

Un soir à Majdanek, après l'appel où nous sommes tous au garde-à-vous, le commandant donne ordre à ceux qui sont tailleurs de rester sur place, et à tous les autres de se disperser. Je me dis que, s'ils ont besoin de tailleurs, ils vont les garder en vie plus longtemps. Alors je reste. L'officier en charge m'interpelle : « Quel âge as-tu ? » Je lui réponds : « Dix-huit ans. » Il semble incrédule et dit : « Alors tu penses que tu es tailleur ? » Je lui dis que je ne le suis pas tout à fait. « Alors ton père était tailleur ? — Oui (je mens). Et mon grand-père aussi. » Puis je lui explique que je sais faire les boutonnières sur une machine spéciale. Ça, c'était vrai. « Monsieur, quand on fait un uniforme, les boutonnières prennent beaucoup de temps si on les coud à la main. Mais avec la Knopeochmachine, que je sais manipuler, ça ne prend que quelques secondes. » Il m'ordonne alors d'aller avec les tailleurs. Je savais tout ça parce que Bialystok était une grande capitale du textile, et qu'au rez-de-chaussée de notre maison il y avait un atelier de tailleurs. Quand je rentrais de l'école, j'aimais aller regarder ce qui s'y passait. De temps en temps le propriétaire me laissait faire quelques boutonnières. Je trouvais cela amusant parce qu'à l'époque c'était très high-tech. Voilà ce qui m'a sauvé de la chambre à gaz de Majdanek, dont on ne sortait que par la cheminée. La première fois, c'est ma mère qui m'avait sauvé la vie avec le pantalon long. Là, je me suis sauvé moi-même.

> Horreur démentielle à l'état brut, de tous les camps, Majdanek et Auschwitz étaient dans une catégorie à part : la fin du monde, la fin de la création, la fin de la civilisation.
>
> *Le Sang de l'espoir*

Lors d'un des « tris », vous vous trouvez devant le sinistre docteur Josef Mengele ?

C'était plus tard, à Auschwitz. Nous l'appelions entre nous l'« ange de la mort ». Il faisait la sélection, et ce jour-là ça s'est mal passé pour moi. Il m'a trouvé inapte pour le travail et m'a ordonné d'aller à gauche. Avec de nombreux autres prisonniers, nous sommes d'abord parqués dans un baraquement, où les numéros matricules tatoués sur nos bras sont relevés. Nous sommes tous silencieux et résignés devant la mort imminente, mais mes sens sont en alerte. Mes nerfs, plus que mon cerveau, me dictent d'agir, de faire quelque chose, car je sais que je suis dans l'antichambre de la chambre à gaz. Brusquement, j'aperçois, posés contre le mur, une brosse et un seau rempli d'eau. Je me mets à genoux, je les saisis et je commence à frotter le sol, reculant vers la porte par laquelle nous sommes entrés. Cette porte est ouverte, et devant se trouvent deux gardes. Quand je m'approche, l'un d'eux me crie : « Petit salaud ! Regarde là, à gauche, c'est encore sale ! » Alors je me dirige à l'endroit qu'il désigne et je frotte plus vigoureusement. Il me montre d'autres endroits, comme si j'étais là pour travailler. J'obéis à chacun de ses caprices. Finalement, après une éternité, j'arrive entre leurs bottes. Là je nettoie les marches du petit escalier, puis je prends la brosse et le seau, je sors et me fonds lentement dans la foule des prisonniers travailleurs.

Vous dites que rien ne venait apporter l'ombre d'une espérance au fil de ces années d'existence sous-humaine. Comment avez-vous tenu ?

D'abord, il me fallait décider si je voulais vraiment vivre. Ce n'était pas évident. Avant d'aller mourir, ma mère m'avait donné un ordre implicite qui m'avait secoué : « Fais tout ce que tu peux pour survivre et, si tu survis, tâche de trouver d'autres membres de notre famille ; ils s'occuperont de toi. » Cette injonction m'a aidé à tenir. C'était comme si elle était constamment près de moi. Je la consultais dans mon imaginaire, et mon père aussi, à chaque décision importante que je devais prendre. Comme je l'ai dit dans mon libretto pour la monumentale symphonie *Kaddish,* composée par mon ami Leonard Bernstein, « ma vie ne m'appartenait plus totalement. Ceux qui ont péri vivent aussi en moi. Et ma mémoire est leur unique tombeau. »

Mais, malgré tout, ne vous êtes-vous jamais dit « à quoi bon » ?

Bien sûr que si ! À Auschwitz, où les barbelés étaient puissamment électrifiés, j'ai souvent tenté de mettre mes mains dessus pour en terminer. J'aurais pu le faire comme ça (il claque des doigts). Pas seulement parce que, pour moi-même, vivre n'avait plus aucun sens, mais aussi parce que j'étais seul, j'avais faim, j'avais mal, j'étais malade, on me battait, etc. Mais, vis-à-vis de mes parents, mon devoir de perdurer était fort. Des gens intelligents, éduqués, avec de l'expérience, tombaient comme des mouches. Moi, j'avais uniquement mon intuition et mes instincts animaux, et à la fin mes deux amis inséparables, Ben et Niko, qui ont survécu avec moi. Peut-être la chance y était-elle aussi pour quelque chose, et la providence également.

Que diriez-vous aujourd'hui à ceux qui, découragés par les graves défis auxquels l'époque actuelle les confronte, plongent dans le pessimisme et la résignation ? Vous qui, après être sorti de l'enfer, êtes devenu un homme d'action, diplômé de Harvard et de la Sorbonne, conseiller du président John F. Kennedy, d'autres chefs d'État, de banques et d'entreprises...

Aujourd'hui, l'époque violente, fratricide et suicidaire que nous vivons me rappelle surtout les derniers cris des victimes de l'Holocauste, « Jamais plus ! », et ceux des victimes des génocides, des nettoyages ethniques et d'autres carnages, contre les Arméniens, les Roms, les Cambodgiens, les Bosniaques, les Rwandais, les Kurdes et d'autres encore... jusqu'à ce jour. Toutes ces catastrophes ont révélé que la barbarie peut ébranler les plus grandes civilisations, que la capacité de l'homme pour le mal ne connaît pas de limite, qu'il est capable du pire comme du meilleur, de la haine comme de l'amour, de la folie comme du génie. Si nous ne tenons pas compte de cet héritage maudit, si nous ne chérissons pas la sainteté de la vie humaine, si nous ne respectons pas les valeurs fondamentales que toutes les grandes croyances — sacrés et séculières — possèdent en commun, les despotes, les fanatiques et les terroristes contemporains détruiront nos aspirations à un monde plus juste et pacifique, avec les méthodes bestiales d'antan et les armes de destruction massive d'aujourd'hui.

Jusqu'à présent, j'ai répondu à vos questions avec la voix primitive et viscérale de l'adolescent émacié d'Auschwitz. Mais là, comme vous changez de registre, c'est effectivement au nom de l'individu qui je suis devenu que je tenterai de vous répondre. D'abord, j'étais et je reste un optimiste, comme vous l'avez senti depuis le début de notre conversation. Même si le monde actuel ressemble parfois à celui que j'ai connu dans les années 1930-1940, nous n'en sommes heureusement pas encore là. Nos possibilités de sortir des bouleversements contemporains qui nous menacent sont encore intactes.

Tout ce que j'ai vécu et appris me dit que plonger dans le pessimisme et la résignation ne peut être une option. Au contraire, devant l'abysse, il faut toujours agir. Dans les camps de la mort, j'ai puisé dans mon adrénaline pour survivre physiquement. Après ma libération, quand la branche française de ma famille — elle-même sauvée par les Justes de Chambon-sur-Lignon — m'a trouvé dans les ruines de l'Allemagne, j'ai pompé mon adrénaline pour survivre dans la dimension intellectuelle. Mon émergence académique et professionnelle, après six ans de scolarité perdue, résultait d'une détermination farouche à étudier, à travailler et à avancer au cœur des cultures américaine, britannique et française, qui sont devenues les miennes.

À partir de ces expériences, ce que je dirais aujourd'hui aux jeunes générations — de toutes les couleurs, origines et croyances —, c'est de comprendre que la vie n'est pas une fête ininterrompue, mais une lutte permanente aux victoires précaires, qu'il n'y a pas d'alternative à la quête constante de la connaissance, de l'excellence et de la créativité, et que les perspectives, même dans un univers plein d'incertitudes économiques et politiques, ne sont pas défavorables pour ceux qui s'engagent à construire et non à détruire notre monde.

> Personne ne peut vivre ce que j'ai vécu sans rechercher, en cette époque de bouleversement, une vision cohérente de notre monde enflammé, sans ressentir le besoin d'alerter nos enfants des dangers qui s'amoncellent à nouveau et qui peuvent détruire leur univers comme ils ont jadis détruit le mien, et sans le besoin d'éclairer en même temps les immenses possibilités qui sont toujours ouvertes devant eux.
>
> *La Ressource humaine*

Voilà une belle conclusion à cet entretien.

Merci pour le compliment, mais laissez-moi dire aussi que les forces qui modèlent notre destinée ne sont pas toujours guidées par l'intelligence ou par la conscience. Car nous sommes, comme autrefois, devant une croisée fatidique des chemins. Ou bien l'humanité, rivée à ses dogmes du passé, bascule dans les guerres, le fanatisme, le chaos. Ou bien l'aventure humaine reprend grâce aux progrès de la science, de l'innovation et de l'imagination, capables de mobiliser les passions et les énergies d'une jeunesse en manque de repères, mais pourtant insatiable et impatiente. Enfin, j'aimerais ajouter à cette réponse succincte quelques phrases tirées de mon livre *la Ressource humaine*.

> Ma confiance en cette ressource ne vient pas seulement de ce que j'ai appris dans les grandes universités et capitales de la planète. Elle découle plutôt de ce que j'ai tiré du creuset le plus brutal de l'existence. L'homme mis au pied du mur a une capacité stupéfiante, infinie, d'endurance, d'adaptation et d'invention. Ce type d'énergie, quand elle est maîtrisée, suffit à relever presque tous les défis. C'est elle qui m'a permis de revenir des profondeurs de l'oubli et de goûter mes triomphes de la vie… De plus, elle se dégage au maximum lorsque l'individu se noie. Alors seulement est-il contraint de donner le vigoureux coup de pied qui le ramènera à la surface. Aujourd'hui, nous sommes tous dans le même bateau. Il est temps de donner un coup de talon pour s'éloigner de l'enfer. À une époque où la dislocation économique, politique et morale menace à la fois la paix, la liberté et le progrès, et où toutes les tentatives constructives apparaissent bloquées, il est rassurant d'évoquer une vérité qui me paraît évidente : la vraie richesse des nations et des peuples réside plus dans le potentiel de leurs hommes et de leurs femmes que dans toute autre ressource. Une nouvelle vision de croissance et de prospérité doit désormais donner une place plus centrale au potentiel créatif du cerveau humain, à

sa capacité à créer des richesses à côté desquelles les trésors du Texas, de la Sibérie et de l'Amazonie sembleraient bien pâles…

La plupart des décideurs, des entrepreneurs et des gestionnaires, prisonniers d'une optique conventionnelle, continuent à placer trois principales formes de richesse au centre de leur univers : la terre, le capital et la main-d'œuvre. Ils les surestiment toutes les trois… Alors, que reste-t-il ? Rien, sauf l'essentiel, la plus évidente, la plus négligée, la plus abusée, la moins explorée de toutes les ressources : la matière grise logée dans la boîte crânienne de chaque individu, avec sa fantastique aptitude à saisir, emmagasiner et transmettre savoir et expérience, à échanger idées et informations, à pressentir, imaginer, concevoir et créer. Omniprésente, inépuisable comme la lumière du soleil, elle est la forme de richesse la plus fiable, et de loin la plus prometteuse pour l'avenir. L'exploitation, enfin, de la ressource humaine peut déboucher sur un nouvel ordre économique, politique et social, sur une nouvelle culture, voire une nouvelle renaissance.

Rupert Isaacson

Combat pour mon fils

Comment agir quand un peuple opprimé sollicite votre aide ? Comment réagir quand votre fils est diagnostiqué autiste ? Face à l'adversité, le journaliste Rupert Isaacson est allé jusqu'au bout de ses rêves... Au cœur de l'action.

Si Rupert Isaacson n'avait pas eu un avion à prendre, je crois que je serais encore en train de discuter avec lui, dans un hôtel de Londres. De son vécu de journaliste, engagé dans la défense des droits des peuples autochtones (au point d'être banni du Botswana). De son parcours de père, découvrant avec désespoir en 2004 l'autisme de son fils, puis décidant de ne pas en faire une fatalité. De son lien aux mondes des chevaux et des chamanes, qui ont changé sa vie et celle de son petit garçon. De sa capacité à imaginer, jour après jour, d'autres possibles. De tout ce qu'il fait aujourd'hui pour redonner espoir à d'autres familles. Dirigeant d'une ONG de défense des droits de l'homme, auteur du best-seller international *l'Enfant cheval,* publié dans trente pays, fondateur d'un centre et d'une méthode qui favorisent l'ouverture des enfants souffrant de troubles du comportement... Rupert Isaacson est un de ces êtres libres à l'imagination vagabonde, à la réflexion profonde et aux joies simples, dont l'enthousiasme semble capable de déplacer des montagnes. À quoi carbure-t-il ?

Vous avez relevé de gros défis dans votre vie. Que vous évoque le mot « espoir » ?

Ce n'est pas un mot que j'utilise souvent. Pour moi, l'espoir est lié au désir, et le désir induit la souffrance. En filigrane, il y a toujours la crainte de ne pas obtenir ce que l'on veut. Très tôt dans ma vie d'adulte, j'ai essayé — avec plus ou moins de succès — de mettre de côté mes espoirs et mes peurs pour privilégier mes rêves. Le rêve me semble plus constructif. Quand on rêve, on crée, on va de l'avant. Se projeter ainsi est un voyage. Notre vie est une alternance de moments. Parfois, nous devons nous concentrer sur une tâche précise : trouver à manger, gagner de l'argent... Une fois cette mission accomplie, on peut souffler, prendre le temps d'apprécier. On contemple le paysage, on élargit la perspective, on laisse son esprit vagabonder, faire des plans, se demander comment les réaliser. Cette part de rêve en nous est, à mon sens, une composante essentielle de notre humanité.

Au gré de quelles circonstances cette conscience est-elle née ?

Au début de ma vie professionnelle, j'étais beaucoup dans la peur. J'avais une vingtaine d'années et je voulais écrire, mais je ne savais pas trop comment m'y prendre. Je ne venais pas d'une lignée d'auteurs connus, je n'avais pas étudié le journalisme à l'université, tout le monde me disait que j'allais échouer. Une part de moi, anxieuse, recherchait la sécurité, mais une autre avait envie d'aventure : j'aime le rock, les voyages, les expériences... Je suis parti en Afrique à la recherche de sujets intéressants. Là, je suis tombé sur des Bushmen qui vivaient sur le bord d'une route depuis vingt ou trente ans.

Tout le monde en Afrique du Sud pensait qu'ils avaient disparu ; c'est ce que disaient les livres d'histoire ! Mais non : ils avaient été expulsés de leurs terres ancestrales et demandaient qu'elles leur soient restituées. Ma famille est originaire d'Afrique du Sud ; je me suis senti relié à cette histoire. Rapidement, je me suis impliqué, je suis devenu un maillon du processus de revendication territoriale. Mon livre *les Derniers Hommes du Kalahari* a reçu un bon accueil. « Nous t'avons offert notre histoire ; maintenant, il faut que tu nous aides », m'ont dit alors les Bushmen. « Mais je vous ai déjà aidés ! », ai-je répondu. « D'autres Bushmen, au Botswana et ailleurs, perdent leurs terres, ont-ils rétorqués. Tu dois nous aider à plaider notre cause en Occident. »

J'ai paniqué. Comment m'y prendre ? Où trouver l'argent ? Puis, j'ai décidé d'essayer, en me mettant à rêver à quoi cela pourrait ressembler : obtenir une audience à l'ONU pour faire entendre leurs voix, aller au Département d'État, capable de mettre la pression sur les gouvernements, puis mettre les Bushmen en relation avec des groupes autochtones ayant obtenu des avancées, comme les Amérindiens, et, pourquoi pas, tenter d'obtenir le soutien de Hollywood. Au final, tout est arrivé ! La première conférence que j'ai organisée pour lever des fonds m'a coûté 500 dollars et il n'y avait que cinq personnes, mais l'une d'elles en a parlé un ami, qui m'a appelé trois mois plus tard. « Je dirige une fondation, m'a-t-il dit. Quel est votre budget ? Je vous en fournis le tiers. Dites que mon organisation vous soutient, vous n'aurez aucun mal à trouver le reste. » Soudain, nous avons réuni la somme nécessaire, tout s'est ouvert. J'ai compris que, même lorsque les apparences sont contre vous, rien n'est perdu. Au départ, il n'y avait aucune raison logique pour que les Bushmen obtiennent gain de cause, mais ça a marché : ils ont récupéré leurs terres.

À l'époque, votre petit garçon venait d'être diagnostiqué autiste…

Je nageais en plein désespoir. L'autisme m'avait été présenté comme une catastrophe. Tous les professionnels étaient d'avis que les médicaments étaient la seule solution, que mon fils ne pourrait jamais guérir ni avoir une vraie vie. Heureusement, je suis journaliste : je me demande toujours s'il y a une autre manière de considérer la question. Je suis parti à la recherche de faits et d'idées, et j'ai trouvé des autistes qui avaient fait leur chemin, comme Temple Grandin, docteure en sciences animales et professeure à l'université du Colorado. En cherchant comment ils y étaient parvenus, j'ai remarqué que tous avaient été soutenus par leur famille dans leur intérêt obsessionnel, un des points centraux de l'autisme. Mon fils était incapable d'échanger par le geste et la parole, ses crises étaient violentes, mais il se passionnait pour les animaux. Un jour, il s'est jeté aux pieds de la jument du voisin. Celle-ci a baissé la tête et remué les lèvres, en signe de soumission. Je n'avais jamais vu ça ! Sur le dos du cheval, il s'est calmé, a prononcé ses premiers mots, s'est mis à exprimer ses sentiments et ce qu'il souhaitait... J'avais aussi observé qu'il faisait de gros progrès au contact de guérisseurs traditionnels. J'ai commencé à rêver : où concilier les deux ? J'ai emmené mon fils traverser la Mongolie à cheval, à la rencontre de chamanes. À notre retour, son anxiété et son hyperactivité avaient disparu, son niveau scolaire a été réévalué, il s'est fait des amis, puis tout s'est enchaîné : le succès international du livre *l'Enfant cheval,* qui raconte notre voyage, m'a permis de fonder un centre pour les familles d'enfants autistes, où nous avons développé une méthode de soin centrée sur les chevaux. Les résultats ont été tels que nous avons dû former d'autres personnes pour répondre à la demande... Quatre ans plus tard, nous avions enseigné notre méthode à mille personnes dans sept pays !

Votre force réside-t-elle dans votre capacité à dire oui aux signes de la vie ?

Lorsque les difficultés ont émergé, j'ai respiré un bon coup et je me suis dit : « D'accord, ne t'inquiète pas, suis ton aventure, l'argent viendra plus tard, tu verras. Contente-toi de faire le travail. » L'important, je crois, c'est de ne pas se laisser paralyser par la peur. À chaque fois, j'ai écouté et cherché comment donner à la situation un tour constructif : « Et si ça marchait ? À quoi ça ressemblerait ? » Mais ma principale force est surtout de m'être mis au service d'autrui : des Bushmen, de mon fils, d'autres enfants, d'autres familles... Si les hommes du Kalahari ne m'avaient pas demandé de l'aide, si je n'avais pas été le père d'un autiste, je n'aurais peut-être rien mis de tout cela en place. Quand les choses vous tombent dessus, c'est plus facile : vous n'avez pas le choix, vous agissez ! Ce faisant, j'ai découvert que la source véritable du bonheur résidait dans la capacité à se mettre au service des autres. Imaginer et participer à la réalisation d'un projet qui dépasse la simple satisfaction de ses désirs personnels rend heureux, qu'il s'agisse de restaurer une vieille bâtisse, de rendre ses terres à un peuple autochtone ou de cultiver l'harmonie dans son couple... Quand je collaborais avec les Bushmen, je n'avais pas un sou ; j'ai investi presque tout ce dont je disposais dans le projet, et j'ai reçu en retour. De même avec l'autisme. Aujourd'hui, je fais partie d'un collectif de gens positifs, et nous œuvrons ensemble. Que j'ai de l'argent ou que je n'en ai pas, ce lien me rendra toujours heureux. Bien sûr, il m'arrive de m'inquiéter, mais je sais que ce n'est qu'un moment. Une confiance m'habite, profondément.

Avez-vous parfois l'impression d'être soutenu par une force extérieure ?

Absolument. Je comprends que les gens aient du mal avec la religion, qui est parasitée par des histoires de pouvoir bien humaines, mais je suis toujours surpris qu'ils en aient avec le divin. Qu'on l'appelle Dieu, le grand tout ou « gâteau au chocolat », peu importe : cette magie est là, en nous, autour de nous. La questionner ne me semble pas d'un grand intérêt ; pourquoi ne pas juste chercher à la vivre ? Tout le monde l'a déjà touchée du doigt : *via* une rencontre extraordinaire, une guérison inexpliquée… Il y a deux ans, une expérience a conforté mon ressenti : c'était une période où je voyageais beaucoup, j'étais très fatigué par le développement du centre et des formations. Pour me détendre, je suis allé faire du saut d'obstacles (j'ai été cavalier professionnel). Sans raison particulière, j'ai positionné mon cheval de manière inhabituelle. Mes trente années de pratique ont hurlé « non ! », mais une part de moi a dit : « Vas-y ! » Au fond, je crois que je rêvais d'être assigné quelques mois à résidence… L'animal a touché l'obstacle et m'est tombé dessus, ma jambe gauche s'est cassée en six morceaux. Direction l'hôpital, où l'on m'a donné de la morphine, mais ma perfusion fonctionnait mal ; j'ai reçu un shoot qui m'a tué pendant trois minutes. Je me suis retrouvé dans un grand tourbillon, en train de parler à une vaste lumière. « Rupert, ton existence en tant qu'humain est une expérience d'amour, m'a dit une voix. Vous autres êtes comme des abeilles, dont la mission est d'agrandir la ruche. Le moyen d'y arriver, c'est d'aimer activement, puis, si possible, d'aider à construire un rêve d'amour collectif. Si tu remplis ne serait-ce que le premier point, tu fais ta part du travail. C'est tout ce que j'attends des humains. » J'ai alors regardé autour de moi et j'ai vu mon corps. Bon sang ! J'ai pensé à mon fils ; il fallait que je revienne. J'ai traversé une membrane visqueuse et, soudain, j'étais de nouveau dans mon corps. Masque à oxygène, pressions sur ma poitrine : mon amie m'avait vu partir et avait donné l'alerte. Je suis content d'avoir eu la confirmation directe que tout ce que nous avons à faire, c'est d'aimer. Cette force est transformatrice : qui ne s'est jamais senti pousser des ailes lorsqu'il est amoureux ?

Cette capacité à essayer, à s'impliquer, peut-elle s'enseigner ?

Le meilleur moyen est de montrer à nos enfants que nous réalisons nos rêves, puis d'accompagner les leurs. Mon père a longtemps été employé par l'État. Il détestait ça, mais il avait l'impression qu'il devait en passer par là, pour permettre à ses enfants de fréquenter des écoles privées réputées. « À quel point es-tu attaché à cette école ? m'a-t-il demandé un jour. Pourrais-tu être heureux dans une école publique ? » Il envisageait de quitter son emploi pour devenir architecte free-lance, et ses revenus risquaient de beaucoup diminuer. Je lui ai dit : « Fonce ! » Il s'est lancé : les débuts ont été très difficiles, il a failli y perdre sa chemise, mais il s'est accroché et son activité a fini par fonctionner. Mon père m'a aussi permis de suivre mes rêves : lui ne s'intéressait pas à l'équitation, mais il savait que ça me passionnait. Quand, à 12 ans, j'ai annoncé que je voulais un cheval, il m'a dit qu'il m'aiderait à condition que je gagne de l'argent. Pendant deux ans, j'ai tenu un étal au marché. Voyant que j'étais motivé, il m'a donné son feu vert. À l'approche du baccalauréat, il s'est inquiété : le cheval ne risquait-il pas de nuire à mes résultats ? Nous avons conclu un marché : si mes notes chutaient, on le vendrait. Je me suis accroché, tout s'est bien passé. Ces expériences résonnent profondément en moi ; j'essaie d'agir de même avec mon fils. Parfois, des parents refusent que leur enfant se lance dans une activité parce qu'il risque d'arrêter au bout d'un an. Et alors ? En un an, il apprendra quelque chose de l'activité et développera peut-être des qualités qui lui serviront plus tard, dans un autre contexte. De découverte en découverte, jusqu'où pourra-t-il aller ? Respecter nos rêves et ceux de nos enfants est important. C'est une affaire d'attention, de présence, de bienveillance.

On se bride souvent par peur de l'échec…

Cette notion m'a toujours paru étrange. Pour moi, les bas que nous rencontrons sont un point sur une courbe d'apprentissage. Les hommes qui ont inventé la voiture n'y sont pas parvenus du premier coup ! Certains modèles ne marchaient pas, mais l'idée restait valable. Lorsqu'on dresse un cheval dans la tradition classique, on ne marque pas d'arrêt s'il se trompe dans une figure, on lui fait faire un petit cercle. De cette manière, l'animal ne ressent pas l'échec, il reste en mouvement. Autre facteur crucial : prendre plaisir à ce que l'on fait.

Vos journées ne sont pas toujours un long fleuve tranquille. Comment vous reconnectez-vous à votre enthousiasme ?

Par le bon vin ! Ma famille, les chevaux… Bref, les choses que j'aime. La nature m'est aussi très précieuse : j'adore marcher dans la forêt, regarder les arbres, savourer le plaisir d'être là. Souvent, l'hyperactivité et le stress nous font oublier à quel point certaines choses autour de nous sont belles. L'important est de trouver des espaces de ressourcement, qu'il s'agisse de musarder dix minutes dans un parc ou de pratiquer une activité qui nous motive profondément, car si l'intérêt n'est qu'intellectuel, il ne durera pas longtemps.

Vos rêves nocturnes sont-ils une source d'inspiration ?

Ils sont plutôt la machine à laver de ma psyché ! Alors que je suis quelqu'un d'optimiste, mes rêves nocturnes sont souvent sombres. Peut-être pour me permettre d'évacuer ma part d'ombre et de mieux rêver ma vie en journée…

Qu'avez-vous appris en fréquentant des guérisseurs traditionnels ?

Ces gens sont entièrement au service des autres. Leur tâche n'est pas facile, mais ils l'assument, ils accueillent quiconque vient à eux. En retour, ils reçoivent le respect et le soutien de leur communauté. Ces sociétés ont compris que chacun a un rôle à jouer. Les chamanes indigènes présentent souvent des signes psychologiques ou neurologiques qui, chez nous, leur vaudraient l'internement ! Dans la pensée autochtone, ces particularités rapprochent de Dieu, elles sont le signe d'une sensibilité spirituelle. J'ai aussi appris que ces médecines, qu'on y croie ou non, sont efficaces ; sans elles, ces peuples auraient disparu depuis longtemps. Pour eux, le divin n'a rien d'extraordinaire, les miracles font partie du quotidien.

Vous avez lancé en Grande-Bretagne et aux États-Unis une méthode éducative, accessible à tous. De quoi s'agit-il ?

Le programme d'équitation que nous avons mis en place il y a huit ans permet d'obtenir des résultats spectaculaires : on ne compte plus les enfants autistes qui, sur le dos de l'animal, ont prononcé leurs premiers mots, ont vu leurs colères et leur hyperactivité disparaître. Mais la plupart des gens, au quotidien, n'ont pas accès aux chevaux. « Comment leur venir en aide ? », nous sommes-nous demandé. Nous savons que, lorsque le cheval trotte à un rythme régulier, cela provoque chez le cavalier un mouvement de bascule du bassin qui accroît la production d'ocytocine, l'hormone du bien-être. L'enfant se calme, devient plus réceptif, développe ses capacités d'apprentissage. Nous avons donc réfléchi à la façon d'obtenir les mêmes résultats dans une salle de classe, *via* d'autres supports. Cette méthode repose notamment sur un environnement sensoriel apaisant et la mise en mouvement de l'enfant, pour stimuler son ouverture. À partir de là, on peut lui faire apprendre n'importe quoi !

Quel est aujourd'hui votre regard sur l'autisme ?

J'ai compris que ce n'était pas un problème à résoudre, mais une forme de personnalité à révéler. Certes, tous ne seront pas capables, adultes, de vivre seuls, mais certains concevront peut-être des logiciels incroyables ! Notre rôle est de les aider à développer leurs qualités en tant qu'autistes, voire de découvrir tout ce que leur originalité nous procure. Les autistes naissent avec un déficit en neurones miroirs. De fait, ils ne se comparent pas aux autres, contrairement à nous, qui passons notre temps à nous dire qu'un tel est plus riche que nous, qu'une telle est plus jolie, etc. Alors que ces comparaisons nous font souffrir, l'ego des autistes est très tranquille, très bouddhiste. Passer du temps avec eux est guérisseur. On se demande parfois qui est le thérapeute !

Êtes-vous optimiste pour le monde ?

Le coup de pied aux fesses qu'annonce la crise écologique sera salutaire. L'humanité en a pris d'autres ; chaque fois, elle a survécu, mais des choses ont changé. L'autisme, à mon sens, fait partie de cette évolution. Il touche de plus en plus d'enfants : une naissance sur soixante-huit aux États-Unis aujourd'hui[1]. Plusieurs scientifiques estiment que cette atteinte du système nerveux peut, dans certains cas, être liée à la toxicité de l'environnement. La bonne nouvelle, c'est que le cerveau est plastique, donc qu'on peut agir dessus. Mais n'est-il pas aussi intéressant de constater que cette crise, fruit d'ego humains devenus fous, engendre des êtres sans ego, mais dotés d'une intelligence hors du commun ? Avec nos bêtises, n'avons-nous pas accéléré l'évolution de notre espèce ? Le problème lui-même n'est-il pas en train d'engendrer une solution ? J'ai fini par considérer l'autisme comme un cri contre l'absurdité de nos modes de vie, un élan à changer ce qui ne va pas, un appel à revenir à des choses plus vraies, plus essentielles.

---

1. Étude publiée en mars 2014 par le CDC, principale agence gouvernementale américaine en matière de sécurité publique et de protection de la santé.

Danièle et René Sirven

Unis dans le couloir de la mort

Pendant dix ans, Danièle Sirven, ancienne enseignante, et René Sirven, enseignant-chercheur en psychosomatique, ont accompagné un condamné à mort, jusqu'à son exécution. Pendant dix ans, ils ont vécu une expérience intense d'éveil, d'espoir et d'espérance, portés par le fil invisible qui lie l'humanité.

Rien ne préparait René et Danièle Sirven à une telle aventure. Eux d'un côté, « tranquilles » à Montpellier, libres d'aller et venir, des enfants déjà grands, une existence bien remplie. De l'autre côté, Rickey Lynn Lewis, détenu au Texas, enfermé dans le couloir de la mort, une vie avortée, le couperet en ligne de mire. Le couple n'en est pas à son premier engagement social. Celui-ci, pourtant, se révèle d'une autre nature... De cette aventure, de la force indicible qui les a saisis, de tout ce qu'elle a nourri, ils parlent à deux voix, l'une complétant l'autre, avec une étonnante douceur. Côte à côte, ils témoignent, pour que Rickey Lynn Lewis n'ait pas été exécuté pour rien. Comment comprendre cette force ? Qu'a-t-elle à nous apprendre, sur la vie, sur la mort, sur la dimension spirituelle de nos existences ? Un témoignage sur le fil, à fleur de peau, à fleur d'humain.

Comment avez-vous rencontré Rickey Lynn Lewis ?

René Sirven Ma femme et moi étions depuis longtemps impliqués dans des actions d'aide aux personnes dans le besoin. Lorsque des amis nous ont appris qu'ils correspondaient avec des détenus condamnés à mort au Texas, nous avons accepté de participer. Deux de nos enfants vivaient aux États-Unis, nous nous sentions un lien avec ce pays. Nous avons donc écrit à Rickey, dans un simple but de soutien psychologique. Une autre de nos filles est partie s'installer à Houston. Lorsque nous sommes allés lui rendre visite, durant les vacances de Pâques 2003, nous avons proposé à Rickey de passer le voir. Il a accepté.

Danièle Sirven Notre engagement n'était pas prémédité. Jamais je n'aurais imaginé me rendre un jour dans le couloir de la mort ; c'était hors de question ! Rickey était incarcéré dans une unité accueillant à l'époque deux mille sept cents prisonniers. Quatre cents étaient en attente d'exécution dans le couloir de la mort. Le bâtiment de béton gris de la prison se fondait dans la campagne texane. Tout était très propre, l'accueil courtois, des récompenses et des citations ornaient les murs ; on aurait pu se croire dans un collège ou une clinique. Mais les barbelés étincelants, les sas, les couloirs, les postes de fouille successifs nous rappellaient que ce n'était pas un lieu de vie comme les autres. Jusqu'au parloir, une sorte de cage grillagée grande comme une cabine téléphonique… Nous nous sommes assis là, serrés l'un contre l'autre. Malgré le contexte, nous nous attendions à une visite « ordinaire ». Rickey est arrivé, les mains menottées dans le dos. Pour que le gardien les lui enlève, depuis l'extérieur de la cage, il a dû se baisser à hauteur d'une petite trappe, dans un geste de soumission qui nous a serré le cœur. Puis nous avons vu son regard, son visage enfantin. Nos premiers mots ont été naïfs. « Tu es beau ! », ai-je dit. « Vous êtes jeunes ! », a-t-il rétorqué. Quelque chose s'est emparé de nous, au-delà de notre volonté. Comme un mystère, un pouvoir très ancien d'émerveillement.

Que saviez-vous des raisons pour lesquelles il était là ?

D.S. Nous savions qu'il avait été condamné pour un événement tragique : en septembre 1990, trois ou quatre hommes, dont Rickey, avaient pénétré par effraction dans une maison. Le cambriolage avait mal tourné, un homme avait été tué, et sa compagne violée. Rickey vient d'une famille très pauvre et très violente. Ses parents alcooliques le battaient et l'obligeaient à voler. Il a grandi entre des écoles pour handicapés mentaux et la rue. Trois ou quatre jours après le drame, Rickey a été interpellé ; les autres hommes n'ont jamais été appréhendés. Il a admis le viol, mais pas le meurtre. Les experts en balistique ont déterminé que le tueur devait mesurer au moins 1,78 m, or Rickey ne mesurait que 1,60 m… Notre propos n'est pas de minimiser la tragédie, car nous savons ce que peuvent être le traumatisme et la détresse qui en découle. Lorsque nous avons rencontré Rickey, les faits étaient là, nous ne pouvions rien y changer. Et nous avons vécu, malgré nous, un coup de foudre.

R.S. Notre relation a pris un tour encore différent quand, le lendemain de cette première visite, le 1er avril 2003, alors que nous étions avec lui, une gardienne lui a fait passer une lettre par un interstice de sa cage. Il l'a ouverte devant nous, puis plaquée contre la vitre pour nous la montrer ; elle disait que son dernier appel avait été rejeté, qu'il allait être exécuté le 7 août 2003. Nous l'avons vu s'effondrer. Il s'est prostré dans un coin, puis, au bout de quelques minutes, il s'est relevé en disant d'une voix puissante : « Ils veulent tuer mon corps, ils ne tueront pas mon âme… Ils ne savent pas ce qu'ils font. » Cet être s'est transformé sous nos yeux. Nous ne l'avons pas lâché du regard. De manière fulgurante, notre relation a basculé sur un autre plan. Dès ce moment, nous avons su que nous l'accompagnerions jusqu'au bout.

Comment expliquer cette soudaine transcendance ?

D.S. Lorsqu'il a été incarcéré, à 25 ans, Rickey ne savait ni lire ni écrire. En prison, des codétenus lui en ont enseigné les rudiments. Dans le couloir de la mort, il a rencontré un pasteur, s'est plongé dans la Bible. Mais, au-delà de ces enseignements, il avait parfois le don de parler dans un langage extraordinaire de ce qui, en nous, est plus grand que nous. Il était rayonnant de cela, plein d'une vie autre que la vie ordinaire. Ni lui ni nous ne parlions très bien anglais ; du fait de la situation et de notre difficulté à nous exprimer, circulait dans nos échanges autre chose, quelque chose d'indescriptible. « Il a fallu que je vienne ici pour être aimé pour moi-même et connaître ce lien », nous a-t-il dit un jour.

R.S. Lorsque tout est perdu, il reste ça : le mystère, l'improbable, l'invisible. Dès le début, nous savions que le chemin allait s'arrêter, que nous ne connaîtrions pas cet homme longtemps, mais que nous serions là. Quelque chose avait émergé et résonné en nous. Comme un éveil, une capacité à prendre du recul par rapport à l'horreur de la situation et à tenir le coup. Ensuite, l'espoir est arrivé. L'association à laquelle nous avions adhéré pour correspondre avec Rickey s'était préoccupée de sa défense. Un concert de soutien avait permis de lever plus de 20 000 €. L'association a pu faire appel à un avocat de Houston, qui a réussi à obtenir un sursis en s'appuyant sur un décret de 2002 interdisant l'exécution des handicapés mentaux dont le QI était inférieur à 70. Pendant dix ans, différents avocats se sont impliqués pour instruire le dossier et tenter de faire admettre à la justice le déficit mental de Rickey. Cet espoir nous a nourris tous les trois ; il a été présent et fort jusqu'en novembre 2012, date à laquelle le dernier recours possible a été rejeté.

Où trouve-t-on la force de continuer le chemin quand il n'y a plus d'espoir ?

D.S. Rickey savait qu'il allait être exécuté au mois d'avril 2013. Durant toute la période de sursis, les avocats ont essayé de le convaincre de jouer de son handicap pour obtenir une commutation de sa peine en prison à vie, mais lui voulait montrer ses capacités. Une humanité en lui demandait à s'exprimer, comme si une part de son être s'était dévoilée progressivement et ne pouvait pas tricher. Pourtant, il vivait au quotidien la nécessité d'accepter l'inacceptable. Il m'a enseigné que nos forces sont au creuset de nos faiblesses et de notre fragilité, il m'a offert une échelle nouvelle pour évaluer l'importance des choses. Lorsque la décision finale est tombée, il nous a dit de ne pas nous inquiéter, qu'il ne ressentait pas la mort autour de lui. Il avait foi en une grâce qui n'était pas celle des hommes.

R.S. Cet état d'esprit l'a porté jusqu'en mars 2013. À quelques jours de son exécution, lorsque l'ultime demande auprès du gouverneur du Texas a été rejetée, nous l'avons senti passer par des états très différents. Il était tout à la fois abattu, terrifié et convaincu d'atteindre un autre plan. Dans ces moments où l'espoir n'existe plus, où la psyché souffre, jaillit l'espérance. Elle est ce qu'il reste quand tout est perdu. Indicible, indéfinissable, elle nous enseigne que nous ne sommes pas notre corps ni notre psyché. Elle est de l'ordre de l'esprit, un esprit plus grand que nous, au-delà de la vie ordinaire. Pour lui comme pour nous, il était essentiel de passer de l'espoir à l'espérance.

Ses derniers instants vous ont-ils confirmé qu'il y avait matière à espérer ?

D.S. Le jour de son exécution, lorsque nous sommes arrivés dans la salle, il était sanglé sur la table, les bras en croix, la perfusion létale installée. Un micro est descendu pour qu'il s'exprime une dernière fois. Il a demandé pardon à sa victime, a déclaré qu'il était heureux de l'homme qu'il était devenu, nous a dit qu'il nous aimait puis, alors que le produit lui brûlait le bras, il a relevé la tête et déclaré d'une voix puissante : « Je suis, *esperanza* ! » Quelle plus belle conclusion de vie pour un homme qui, longtemps, n'a été rien ni personne, juste un numéro d'écrou ? C'était grandiose. En mourant, il est né à cette dimension et nous l'a enseignée. Comme le dit Marie Balmary dans la préface de notre livre, il nous a « fait passer de la suppression totale de liberté, même celle de vivre, à une souveraineté que nul ne peut ravir à celui qui y accède ».

R.S. Cet homme nous a appris ce que nous savions sans en avoir conscience : au-delà du visible, du matériel, et même du psychologique, nous sommes habités par autre chose. Pour le percevoir, il faut être réceptif, être prêt à l'accueillir. Mais, dès lors qu'on accueille cette part de mystère aussi insaisissable qu'indéfinissable, elle nous fait entrer dans une relation infiniment plus profonde et plus riche, elle donne à l'existence un sens, une saveur. Cette dimension nous est apparue au contact de Rickey. Alors qu'il était condamné à mort, il incarnait la vie même. Ce fut pour nous une révélation. D'une certaine manière, il nous a révélé l'envers du monde.

D.S. Les dernières paroles des condamnés sont souvent édifiantes. Certains disent qu'ils rentrent à la maison. Avec Rickey, les derniers jours, il nous arrivait d'en plaisanter. « Tu t'avances, mais tu nous gardes une place », lui disions-nous. Il répondait : « OK, mais ne venez pas trop vite ! Je vous préparerai de bons petits plats. »

R.S. L'espérance se cultive aussi au quotidien, face aux difficultés de la vie ou à l'état du monde. Notre relation à Rickey nous a démontré la possible ouverture de la condition humaine au-delà de nos psychés rétrécies et de nos raisons encore plus étroites.

Cette prise de conscience a-t-elle changé votre rapport au monde ?

D.S. Jusque-là, je portais en moi la blessure de la misère, des exclus, des sans-abri… Mon expérience aux côtés de Rickey a réenchanté le monde dans lequel je suis. J'ai trouvé en moi un lieu d'amour immense et d'extrême douceur qui a guéri ma blessure… ce qui n'empêche pas l'engagement et la détermination.

R.S. Dans ma vie, j'ai beaucoup fréquenté la mort. Je connaissais le milieu hospitalier, où j'ai vu des gens décéder sur une table alors qu'on essayait de les sauver. Je connaissais aussi l'horreur du crime et de la perte inacceptable d'un proche. La mort de Rickey, ce fut encore autre chose : un assassinat légal organisé dans des conditions méthodiques, systématiques, sur un homme avec qui j'avais noué des rapports fraternels. Trouver en moi les ressources d'admettre l'aberration de la situation m'a fait faire un énorme chemin. Interrogation sur une vie, questionnement d'un système. Émerveillement et tristesse, le plus haut et le plus bas de l'homme… Sa mort m'a ramené à la folie des hommes comme une des racines du mal. Folie d'un homme absent de lui-même dans le geste meurtrier, à laquelle a répondu celle d'autres hommes, eux-mêmes absents de leur humanité… Face à cette folie, la raison n'est d'aucun secours ; seuls les sentiments peuvent servir de socle commun. Je ne peux oublier les moments de pure tendresse qui m'ont relié à Rickey, notamment le matin de son exécution : plus de rôle, plus de quête de sens, seulement la présence. Visages habités par la douceur du sourire, la lumière du regard : nous étions dans un ici et maintenant qui nous a pris totalement. Aujourd'hui, sa présence nous accompagne. Là où il nous a amenés, il est. C'est une résonance, une vibration.

Comment, concrètement, incarner cette espérance ?

D.S. En passant du jugement à la compassion, en réhumanisant notre rapport à l'autre. Selon le document officiel de l'administration américaine, Rickey n'est mort de rien, nulle part. Lors de l'exécution, les gardes sont masqués, aucun échange n'est possible de regard à regard. Pourtant, toutes les personnes que nous avons rencontrées à la prison, au-delà de l'uniforme qu'elles endossent et du rôle qu'elles acceptent de jouer, souvent pour des raisons économiques, sont fondamentalement bonnes.

R.S. Je sais depuis longtemps que la vie est dans la relation. Je travaille sur la somatisation ; j'ai vu tant de personnes malades, physiquement, à cause d'un problème de relation... Mon expérience aux côtés de Rickey m'a permis de le comprendre de manière encore plus forte, plus incarnée. La vie, ce n'est que la relation, et cette relation nécessite une présence en conscience. Présence à soi, présence aux autres : les deux sont reliées. Nous sommes reliés. J'ai toujours enseigné à mes étudiants, dans leur approche clinique, à écouter le patient ; mais nous étions dans la technique. Nous n'écoutons pas qu'avec les oreilles. Comme le dit Emmanuel Levinas, cela se joue de visage à visage, dans la réceptivité de l'autre, de sa fragilité, de la nôtre. Notre rencontre avec Rickey n'était pas prévisible, pas même souhaitée ; elle ne s'est pas déroulée comme on aurait pu l'imaginer. Ces liens qui échappent à toutes nos prévisions et à toutes nos pensées organisatrices sont l'essence de l'existence. Il faut savoir s'ouvrir à ces coïncidences, ces mystères, ces chocs. Les repérer, y être réceptif, et accepter qu'ils nous fassent naître à autre chose.

Dominique Rankin

De l'humiliation au pardon

Homme-médecine, chef héréditaire algonquin, Dominique Rankin a subi les violences perpétrées contre les Amérindiens. La sagesse ancestrale de son peuple lui a permis de transformer la rancœur et la haine en chemin de paix et de guérison.

Un banc au soleil, un coin de jardin au pied de la cathédrale Notre-Dame, à Paris. La lumière du matin, la Seine en contrebas. La présence bienveillante des arbres. Des arbres alignés, domestiqués, mais malgré tout bien là, bulle de vert et de calme au cœur de la cité. Dominique Rankin aurait aimé s'asseoir à leur pied, jouer du tambour, leur parler d'âme à âme, mais il sait que, dans une société qui a perdu son lien aux forces de la nature, ce serait mal interprété. Né dans la forêt canadienne de l'Abitibi sous le nom amérindien de Kapiteotak, Dominique Rankin est algonquin. Homme-médecine, chef héréditaire, leader spirituel appartenant au cercle des quarante-neuf sages autochtones du Canada et ancien sénateur pour les centres d'amitié autochtone au Canada, il rayonne tout à la fois de douceur et de puissance, de détermination et d'écoute, de malice enfantine et de sagesse millénaire. De passage en France, Dominique Rankin raconte. Son enfance, brisée par la violence de ceux qui ont voulu « tuer l'Indien » en lui, son désespoir, sa résilience, les forces qui lui ont permis de se relever et de pardonner, les signes qui lui donnent confiance en l'avenir. Les mots vibrent, le temps s'arrête, la connexion se crée. Médecine de l'âme et du cœur.

Quel a été votre premier contact avec la violence ?

Mes premières années ont été extraordinaires. Je suis né dans la forêt, où le peuple algonquin vit traditionnellement de façon nomade. Mon père était un chef héréditaire et un homme-médecine respecté. J'ai grandi au milieu des animaux. Chez nous, la liberté était très prononcée, et la débrouillardise, valorisée. Parfois je m'endormais près d'un ours ; à mon réveil, un autre animal était à mes côtés : un renard, un loup, un putois... Comme eux, j'étais un être de la nature. Puis les autorités canadiennes ont pris la décision de nous arracher à notre terre afin de se l'approprier. J'avais 7 ans et demi. Le déracinement a été brutal. On nous a sédentarisés, obligés à nous séparer de nos tipis, rapprochés de la ville... tout en nous interdisant de fréquenter les lieux publics et de prendre les transports en commun. Un jour, la police a débarqué chez nous pour emmener de force six enfants de la famille, dont moi, au « pensionnat des petits sauvages ». Ces gens étaient armés. Ma mère a essayé d'intervenir, mais ils l'ont repoussée, elle est tombée à terre. Mes parents n'ont rien pu faire. Nous ne connaissions pas la violence. On nous a entassés à l'arrière d'un camion et conduits à une grosse bâtisse tenue par des missionnaires. Cent cinquante mille enfants amérindiens et inuits ont été enfermés dans ces écoles pour être « civilisés ». Pour les autorités, encercler les sauvages était une victoire.

Que s'est-il passé ensuite ?

Au pensionnat, la violence était mentale, morale, mais surtout physique. Ils nous ont coupé les cheveux, ont déchiré nos vêtements traditionnels, nous ont interdit de parler notre langue... Ils disaient que nous étions sales, que nous étions de mauvais esprits. Leur but était de tuer l'Indien à l'intérieur, pour que nous devenions des petits Blancs. Mon vrai nom est Kapiteotak ; les autorités ayant exigé que nous portions des patronymes occidentaux, je m'appelle aussi Dominique Rankin, du nom d'employés français et britannique de la Compagnie de la Baie d'Hudson. Au pensionnat, on nous a donné un numéro. Le mien était le 47. Il était inscrit sur mes vêtements, mon lit, mon pupitre, mes fournitures scolaires. Pendant six ans, j'ai été un numéro. En toute impunité, ces hommes et ces femmes ont violé le moindre repli de notre être. Ils nous fouettaient, nous donnaient des coups de bâton, nous faisaient manger du savon. Certains étaient bons, mais ils se protégeaient les uns les autres. J'ai perdu 60 % de ma capacité auditive à l'oreille gauche suite à un châtiment corporel. Les sévices sexuels étaient fréquents. Lorsque je rentrais chez moi pour les vacances, je ne pouvais pas en parler : dans notre langue, il n'y a pas de mot pour désigner ces abus, nous n'en avons pas besoin. Le processus était complètement déshumanisant. Il n'y avait pas d'amour. Rien de bon pour un enfant.

Dans ces circonstances, où avez-vous puisé la force de garder espoir ?

Au début, nous avons crié au secours, mais personne ne nous entendait. Nous ne pouvions pas non plus nous sauver : si nous nous faisions prendre, c'était châtiment corporel ou viol assuré. Notre seul espoir était de tenir jusqu'à ce que nous soyons assez grands pour trouver un moyen de dénoncer ces pratiques… et nous débarrasser de nos oppresseurs. La vengeance était notre moteur. Nous avions appris la violence. À force de nous dire que nous étions des sauvages, nous l'étions devenus. À 14 ans, j'ai formé une bande pour régler son compte au plus agressif des prêtres. Je me disais qu'il fallait que je le tue pour que les gens puissent enfin nous entendre. Un jour, nous l'avons encerclé et battu jusqu'au sang. Nous avons été traduits en justice. Le juge connaissait mon père. Il m'a demandé ce qui s'était passé. Je lui ai expliqué qu'on avait voulu sortir de l'école pour dire la vérité et ne plus y retourner. Il m'a écouté et a tout de suite compris que nous avions besoin de protection. Il a ordonné que nous ne retournions pas au pensionnat[1] et a demandé à mon père de porter plainte pour pédophilie. Cette possibilité d'être enfin entendu, reconnu, a été un premier pas vers la guérison.

Avez-vous l'impression d'avoir été soutenu par d'autres forces ?

J'ai été reconnu comme futur homme-médecine à l'âge de 7 ans. Dès ce moment, j'ai reçu un certain nombre d'enseignements et d'initiations, au contact de grands sages de la nation amérindienne. À 12 ans, pendant l'été, j'ai annoncé à mon père que j'étais prêt à aller chercher mon esprit de la forêt. J'ai eu la vision qu'il fallait que j'aille capturer celui de l'ours. Je suis donc parti seul plusieurs jours dans la forêt afin de rencontrer un ours et de demander à son esprit s'il accepterait de m'accompagner et de me donner sa force. J'y suis parvenu. Dans la nature, vous êtes libre, dans la tête, dans le cœur. Ce que vous apprenez au contact des arbres, des plantes, des animaux, ce sont de purs enseignements. Comment ne pas être sensible à la chanson du vent dans les arbres, au glissement du canot sur les eaux calmes, au spectacle d'une ourse avec ses oursons, à la splendeur des levers de soleil ou de la voûte étoilée ? De quoi pourrions-nous être plus riches ? Ce qui rend l'humain malade, c'est sa façon d'aborder le passé, les épreuves et la beauté même de la vie. Alors que la violence du pensionnat avait fait de moi un objet, les esprits de la forêt m'ont aidé à me retrouver, à me reconnecter à qui j'étais. Ils ont nourri mon espérance, ma responsabilité et ma liberté.

1. Le dernier de ces pensionnats fermera ses portes en 1996.

Après le pensionnat, comme beaucoup de jeunes victimes de tels traumatismes, j'ai bu, j'ai erré, mais j'étais protégé spirituellement. Un matin, ma mère est venue me chercher dans le parc où j'avais échoué en me disant simplement : « Viens, c'est fini. » Je suis rentré chez moi. Pas seulement physiquement : intérieurement. J'ai retrouvé le chemin de la médecine traditionnelle et des valeurs que j'avais perdues. Je suis redevenu qui j'étais : l'enfant de la forêt, pas celui du pensionnat. Ma chance est d'avoir compris très tôt ce qu'était la vie ; mes bases étaient solides, je suis simplement allé rechercher ce que j'avais délaissé. Merci à mes ancêtres, merci au Grand Esprit !

Comment êtes-vous parvenu à pardonner à vos agresseurs ?

À ma sortie du pensionnat, j'étais encore violent, j'avais encore des jugements : contre l'Église, les Blancs... Dans ma tête, c'est tout ce monde-là qui m'avait fait du mal. Les aînés ont organisé pour moi une hutte de sudation, considérée chez nous comme un lieu de guérison. Dans la hutte, l'homme-médecine est allé directement au cœur de ma souffrance. « Qui t'a violé ? », m'a-t-il demandé. J'ai répondu : « Les missionnaires. » Il m'a dit : « Tu mens », puis il m'a répété la question. À chaque fois que je répondais « les frères », « les religieuses », « l'Église catholique », « les Blancs » ou « le gouvernement », il rétorquait : « Non, réfléchis. »

Au bout d'un moment, il a déclaré : « Je vais te dire qui t'a violé, mon garçon. Ce sont l'homme et la femme malades. Leurs agissements ne devraient jamais avoir lieu : ils provoquent tellement de souffrances inutiles. Désormais, tu pourras voir plus clair dans les comportements des humains malades. Comprends bien ceci : lorsque tu juges ou que tu blâmes quelqu'un, c'est toi que tu empoisonnes. Tu avances dans la vie, le corps rempli de haine. Et lorsque tu rencontres tes frères et sœurs humains, tes jugements mettent des barrières entre vous. Ce n'est pas bon pour toi, ce n'est pas bon pour eux. Sache te défendre contre l'ennemi, s'il le faut, mais ne juge ou ne blâme jamais qui que ce soit. C'est ce que les sages blancs appellent le pardon. Certains humains n'auront jamais conscience du mal qu'ils font aux autres. Le pardon et l'acceptation servent à te libérer, toi, d'abord et avant tout. Si tu ne t'accordes pas ce respect en premier, personne ne le fera. »

Étendu sur le sol, j'ai laissé pleurer mon corps. Mon cœur battait très fort, mais mon esprit s'était calmé. J'avais besoin d'entendre ces paroles, de considérer les choses sous cette perspective à laquelle je n'avais pas songé. Nos hommes et nos femmes-médecine savent comment soigner par les plantes et par d'autres remèdes issus de la nature, mais ils savent aussi débloquer ou stimuler l'énergie de vie si besoin est. Ils enseignent notre philosophie et guident ceux qui le veulent vers la connaissance de soi. Il suffit de peu de mots pour guérir l'âme humaine. En vérité, il n'est rien que nous ne sachions déjà au plus profond de nous-mêmes. Cette hutte de sudation a été décisive parce qu'elle m'a donné des repères. J'ai appris à lâcher prise de la victimisation et de la haine qui me rongeaient pour devenir aussi libre d'esprit qu'un arbre, qu'un animal sauvage, sans peur du lendemain, sans le poids du passé, sans crainte de vivre ni de disparaître. Ce jour-là, j'ai trouvé l'amour en moi. Aujourd'hui, je m'aime, je suis fier de qui je suis, donc je suis en capacité de vous aimer.

La situation des Amérindiens reste précaire. Êtes-vous optimiste pour les générations futures ?

Il existe au cœur de la tradition orale de mes ancêtres une prophétie dite des Sept Feux. Cette prophétie est également connue d'autres nations amérindiennes. Depuis des siècles, bien avant l'arrivée en Amérique des Christophe Colomb, Jean Cabot et Jacques Cartier, sept sages avaient prédit que la rencontre entre nos deux civilisations serait déterminante et qu'elle pourrait conduire à notre perte. Ils avaient décrit le temps où nos peuples mèneraient une vie heureuse, en parfaite harmonie avec la nature, puis ils avaient prédit l'arrivée de la race blanche sur nos terres et ils nous avaient prévenus des dangers que nous courrions, car ces Blancs pourraient cacher, derrière leur sourire, le visage de la Mort. Mais ils ont aussi prophétisé qu'après une longue période d'épreuves et de souffrance, nos peuples pourraient connaître un vaste mouvement de renaissance et qu'une vague de réconciliation toucherait toutes les nations, nous amenant à former une seule et grande famille, fondée sur le respect et le partage.

Quand je suis sorti du pensionnat, nous étions au croisement du cinquième feu. Mon objectif, depuis, est de participer au rassemblement des peuples, pour que surviennent les sixième et septième feux. Il y a cinq ans, nous avons obtenu l'organisation d'une commission de vérité et de réconciliation sur les pensionnats indiens. Il était essentiel que cette parole se libère et qu'elle soit entendue publiquement. Pour guérir, il faut traverser le mur des non-dits. Tant qu'une blessure n'est pas rouverte, elle ne peut être nettoyée et elle continue de s'infecter. Nous devons avoir le courage de déterrer les épisodes du passé afin de nous réconcilier vraiment et de passer à une autre étape de notre vie commune.

Aujourd'hui encore, la prophétie des Sept Feux continue de m'éclairer. Elle m'aide à garder courage et m'inspire quant au meilleur chemin à suivre. En cette période où les catastrophes naturelles se multiplient, où les hommes sont appelés à faire des choix cruciaux, dans leur vie tant personnelle que collective, le message de la prophétie nous concerne tous. Nous sommes tous liés.

La société occidentale a inventé beaucoup d'outils pour se « soigner ». Que peut lui apporter l'approche autochtone ?

Nos peuples ont compris l'importance du savoir-être. Les sociétés occidentales ont beaucoup valorisé l'individualité ; se réconcilier avec soi-même est une étape essentielle, mais cela ne fait pas tout. Les personnes, au final, se retrouvent souvent très seules. En France, on sent aussi le poids d'une approche très normative, très hiérarchique. Les Amérindiens vivent en communauté, ils savent la force du cercle, l'importance de l'authenticité, la nécessité d'un leadership ouvert et conscient, partagé par les hommes autant que par les femmes. Avoir un chef est nécessaire, mais, chez nous, celui-ci n'est pas au-dessus. Comme les oies qui voyagent en V, il est à l'avant pour guider les siens, mais lorsqu'il est fatigué, il se met en retrait et laisse sa place à un autre. Sa force n'est pas dans le pouvoir que confèrent les règles ou l'argent.

Nos anciens ont toujours préféré enseigner le sens de l'harmonie plutôt que le maintien de l'ordre. Ils favorisaient la discussion plutôt que le concept de loi. Dans notre tradition, chaque individu possède la liberté, mais aussi la responsabilité de parole. Cela nous apprend à réfléchir par nous-mêmes et nous incite naturellement à nous engager dans la communauté. Les choses bougent. Avec Marie-Josée Tardif, qui m'accompagne et enseigne à mes côtés, nous sommes de plus en plus sollicités par des entreprises ou des institutions pour lutter contre la détresse psychologique. À Marseille, nous sommes par exemple intervenus devant une vingtaine de gendarmes et de travailleurs sociaux pour les aider à créer un espace où se déposer, se ressourcer.

Nos aînés savaient depuis longtemps que les Blancs se retourneraient un jour vers les peuples premiers pour se reconnecter à la source, retrouver l'équilibre qu'ils ont perdu. Bien sûr, certains viennent encore à moi pour l'exotisme de mon costume traditionnel. Ils me prennent en photo et s'en vont. L'apparence, plutôt que la profondeur et l'intérêt réel… Où sont les valeurs ? Mais j'ai confiance. Je rencontre beaucoup de gens qui ont à cœur de découvrir, d'apprendre, d'arrêter d'être des machines écrasées par d'autres machines pour se reconnecter à leur humanité. Nous avons tous la même vision, le même espoir : être libres, vivre en harmonie et toucher à l'infini.

Quels conseils donneriez-vous pour cultiver la paix en soi ?

La guérison est un chemin. Même après cinquante ans de pratique en tant qu'homme-médecine, pendant le long jeûne qui a précédé mon entrée dans le cercle des quarante-neuf sages autochtones, mon passé est venu me hanter. Je ne voyais plus la beauté autour de moi, je ne me sentais plus protégé par les esprits de la nature. Affaibli par la privation de nourriture et l'inconfort physique, je n'arrivais plus à relativiser et à repousser mes souvenirs douloureux. « Tu sais très bien que ton véritable obstacle n'est ni la faim ni la soif, mais bien l'acceptation, m'a dit mon guide. Quand on croit avoir tourné la page à jamais, une nouvelle couche de notre histoire est mûre pour la guérison. Cela vaut autant pour un individu que pour une famille ou une nation. Dès que notre esprit y est disposé, nous muons comme un serpent. Nous pouvons alors entreprendre une nouvelle étape de vie, encore plus libres qu'avant. Puis, un beau jour, le passé ou le futur n'ont absolument plus aucun pouvoir sur nous. Cela ouvre notre esprit à la beauté du temps présent. » Au cours des années, je m'étais délesté de ma tristesse et de ma colère. Là, il s'agissait d'accepter une fois pour toutes. Accepter le froid, la faim, la soif. Accepter que le passé soit terminé et qu'on ne puisse rien y changer. Accepter d'en parler librement, sans honte ni peur. Accepter le fait que nous possédons en nous la force de la médecine, ici, maintenant.

L'autre jour, je suis allé m'asseoir auprès d'un arbre d'au moins sept cents ans, j'ai parlé avec lui. Comment a-t-il fait pour vieillir si beau ? Il me suffit de l'étudier pour le comprendre. Les leçons sont là, dans la nature, devant nous, il faut juste savoir les écouter. Aujourd'hui, je vis avec les sept choses qui me semblent les plus importantes. La première est la renaissance. Chaque jour, chaque instant, ma vie est nouvelle. Tous les matins, je regarde le soleil et je m'engage à me réconcilier et à vivre en paix. La deuxième est le courage. Parfois, notre esprit est fragile, le sourire nous quitte, la violence nous submerge. Il faut du courage et de la persévérance pour se défaire de cette violence, aimer ceux qui nous attaquent, comprendre qui l'on est. La troisième est la vérité. Ne jamais mentir, être honnête envers soi et envers les autres, parler avec le cœur et non avec la tête. La quatrième est la fierté ; pas juste comme autochtone, comme être humain. La cinquième est le respect de toute chose, et notamment des femmes, porteuses de la vie. La sixième est l'acceptation de qui l'on est. La septième est le lâcher-prise, signe d'amour pour le monde.

Le matin sous la douche, chantez, laissez le son venir, sentez l'eau sur votre peau, buvez-en quelques gouttes ! Se réjouir des choses simples est une façon de prier et de se purifier. Il faut arrêter de chercher. Tout est là, dans notre cœur. Peu importe notre croyance ; ce qui compte, c'est d'apprendre à être en communion avec notre esprit et le Grand Esprit.

Cet entretien est basé sur une interview réalisée par Réjane Ereau. Il contient également plusieurs extraits du livre On nous appelait les sauvages *(éditions Le Jour, 2011), écrit par la journaliste et femme-médecine Marie-Josée Tardif, en collaboration avec M. Rankin.*

PARTIE 2

Garder l'espoir

L'humanité est en train de vivre une profonde mutation, politique, sociale, économique. Dans le même temps, elle se trouve confrontée à l'une des plus importantes menaces de son histoire, la crise climatique, dont elle est directement responsable. Devant ces défis immenses et inquiétants, le message de nos quatre intervenants est unanime : l'espérance commence par la lucidité.

Nicolas Hulot

Jeremy Rifkin

Jean-Claude Guillebaud

Christophe Caupenne

Nicolas Hulot

On peut encore faire face

Le réchauffement climatique est une réalité. Le dossier est complexe, et demande un décryptage précis. Point sur la situation avec Nicolas Hulot.

> Les problèmes environnementaux représentent sans conteste la plus importante menace qui pèse actuellement sur l'humanité. Ils touchent tous les domaines : géopolitique, social, économique, etc. Cette menace, par son ampleur, est presque irréelle. Elle demande pourtant notre plein engagement, et une grande lucidité. Nicolas Hulot, célèbre animateur-producteur de l'émission télévisée *Ushuaïa,* a sensibilisé des millions de Français aux enjeux écologiques. Il a fait une incursion du côté de la politique en 2007, puis en 2011, et s'attache depuis des décennies à nous alerter. En 2009, il réalise *le Syndrome du Titanic,* qui témoigne de l'urgence qu'il y a à s'occuper des problèmes environnementaux et qui explique son combat quotidien à la tête de sa fondation, la Fondation pour la nature et l'homme.

En matière de réchauffement climatique, quelle est la situation actuelle ?

La situation est tellement inimaginable ! Chez nous, où la crise écologique n'occasionne pas de souffrances immédiatement palpables, les scénarios présentés par les scientifiques sont tellement inconcevables, angoissants, que nous sommes dans le déni le plus complet. Au premier rang de la crise écologique globale, il y a la crise climatique, qui accroît la détérioration des océans, la désertification, la déforestation, etc. Elle est un facteur aggravant, qui ajoute de l'inégalité à l'inégalité, de l'injustice à l'injustice, de la souffrance à la souffrance. En l'espace de vingt-cinq ans, l'humanité est passée d'une certaine forme d'indifférence à une sorte d'impuissance. La véritable prise de conscience est globalement là. La science a posé son diagnostic, et il se précise d'année en année : plus personne ne peut raisonnablement contester la responsabilité humaine dans l'accélération des changements climatiques. Les enjeux étant universels, il faut que l'ensemble de la communauté internationale prenne en compte ce sujet et s'exonère des postures nationales pour se mettre dans un état d'esprit universel et humain. On sera ou tous perdants ou tous gagnants.

Malheureusement, pendant ces temps d'hésitation et d'atermoiement, les phénomènes se sont développés et les changements climatiques sont déjà en marche, quoi que nous fassions. Ils occasionnent déjà des milliards de dollars de dommages dans le monde. Aux États-Unis, par exemple, le coût des catastrophes naturelles était de 1 à 2 milliards de dollars en 1980 ; en 2000, on est passé à 15 milliards ; en 2012, simplement avec l'ouragan Sandy, on était à 60 milliards, auxquels il faut ajouter 40 milliards pour la sécheresse dans le New Jersey. L'évolution du coût des catastrophes naturelles chez nous, en Europe, est la même.

À cela s'ajoute le coût « humain », car des centaines de milliers de personnes meurent chaque année à cause de ce qu'on appelle la multiplication et l'intensification des extrêmes climatiques.

Des extrêmes climatiques, c'est quoi ?

Ce sont les premières manifestations des changements climatiques : là où il y a des précipitations, elles sont plus importantes ; là où il y a des tornades ou des ouragans, ils sont plus forts ; quand il y a des périodes de sécheresse, elles sont plus intenses ; les périodes de froid, elles, sont plus accentuées... On le voit déjà chez nous en Europe, et le coût est énorme.

Nous sommes donc déjà entrés dans la période de changement climatique ?

Oui. Et quand bien même nous arrêterions demain matin toute émission de gaz à effet de serre, le changement est déjà lancé. La seule marge de manœuvre de l'humanité, aujourd'hui, est de parvenir à contenir l'élévation des températures moyennes dans le siècle à venir à 2 degrés Celsius (quoi que nous fassions, nous ne pourrons pas faire moins). Il faudra déployer des efforts massifs, mais ne pas dépasser les 2 degrés d'augmentation est encore possible.

Vous parlez d'efforts massifs, mais on ne fait rien !

On ne fait pas rien, on fait trop peu. Le protocole de Kyoto a fixé nos engagements jusqu'en 2020. Pour après, des décisions doivent être prises au moment où j'écris ces lignes, lors de la COP 21, la Conférence de Paris sur les changements climatiques. C'est la raison pour laquelle nous sommes tous mobilisés. Certains États, et notamment l'Europe, ont tenu leurs engagements pour 2020. On est sur la trajectoire. Les États-Unis ne sont pas trop loin. La Chine et l'Inde ont explosé, mais ce n'était qu'une toute petite partie de l'effort. C'était une première étape. L'objectif, en gros, serait de diviser par quatre nos émissions de gaz à effet de serre, alors que la croissance démographique, la productivité et la compétitivité augmentent. Cette réduction est déjà difficile avec un PIB constant, alors c'est encore plus difficile avec un PIB qui augmente.

> **Qu'est-ce que le GIEC ?**
> Le Groupe d'experts intergouvernemental sur l'évolution du climat (GIEC) a été créé en 1988 par deux institutions des Nations unies : l'Organisation météorologique mondiale (OMM) et le Programme des Nations unies pour l'environnement (PNUE). Le GIEC a pour mandat d'évaluer, sans parti pris et de manière méthodique et objective, l'information scientifique, technique et socio-économique disponible en rapport avec la question des changements du climat. L'une des principales activités du GIEC consiste à procéder, à intervalles réguliers, à une évaluation de l'état des connaissances les plus avancées relatives aux changements climatiques. Il réunit à cette fin des centaines d'experts du monde entier (voir www.ipcc.ch).

En admettant que nous parvenions à maintenir l'augmentation des températures à 2 degrés, à quoi devons-nous nous attendre puisque le changement climatique est déjà en marche ?

Selon les modélisations de différentes agences des Nations unies, notamment celles du GIEC, très précises sur les conséquences notamment, nous devons nous attendre par exemple à l'expansion de la désertification, qui va pousser 60 millions de personnes supplémentaires aux portes de l'Europe. Les changements climatiques auront des conséquences sur les ressources en eau potable, sur la productivité des sols. On peut s'attendre à des conflits. Même avec une élévation du niveau des océans de moins d'un mètre, des archipels et des deltas vont être inondés, ce qui va avoir un impact sur des centaines, voire des millions, de personnes...

Pourquoi des conflits ?

Parce que, quand des millions de personnes se déplacent dans un monde qui n'est plus nomade, cela crée des guerres. On se fait déjà la guerre en période d'abondance pour des ressources comme le pétrole, alors imaginez ce que cela donnera quand les ressources vitales — l'eau, les poissons... — seront des denrées rares, quand la productivité des terres arables diminuera. La banque mondiale, que l'on ne peut pas soupçonner d'être une officine d'écolos militants, a chiffré le coût des changements climatiques si on dépassait la barre des 2 degrés d'augmentation. Leur conclusion est qu'aucune économie ne résistera. C'est tellement effrayant qu'on me dit souvent de ne pas le dire. Si on ne le dit pas, on ne fait rien, et si on le dit, on a peur. Il faut pourtant dire ce qui va se passer si on ne fait rien et montrer qu'il y a des solutions... tout en sachant que c'est une vraie rupture de société qu'il faut opérer.

Tout cela, je l'ai vu. Honnêtement, les conséquences, les souffrances, je les ai vues. Ce qui s'est passé au Darfour il y a quelques années a occasionné probablement des centaines de milliers de morts. De quoi s'agit-il à la base ? Un basculement climatique dans cette région du Sahel a accru la désertification, ce qui a contraint des éleveurs de chameaux à se déplacer et à entrer en compétition territoriale avec des pasteurs nomades. Ce ne sont pas les changements climatiques qui ont tué directement des centaines de milliers de personnes, mais ils ont été le facteur déclenchant. Comme ça s'est passé au Sahel, on a dit que c'était des tribus, des gens pas civilisés, et que ça ne pouvait pas se produire chez nous. Pourtant, quand 60 millions de personnes arriveront d'ici à 2050 parce que la vie ne sera plus possible chez eux, ils n'auront pas d'états d'âme. Ce que je vous dis n'est pas une vue de l'esprit : je traduis de la manière la plus claire possible les dizaines de rapports sous lesquels on croule et que personne ne lit. Honnêtement, ce qu'ils annoncent est épouvantable.

Cet avenir est-il inévitable ? N'y a-t-il pas une polémique sur les chiffres, sur l'ampleur des conséquences du réchauffement climatique ?

Non, honnêtement, ce faisceau de présomptions sur les changements climatiques, qui paraissaient improbables il y a vingt ans, a été confirmé prudemment, étape après étape, par les différents rapports du GIEC, chacun d'eux étant la synthèse de milliers de travaux et d'expertises pluridisciplinaires faits par des centaines de pays. C'est donc malheureusement imparable, indiscutable. D'ailleurs, aucun chef d'État ne conteste le diagnostic. Là où il faut être prudent, c'est dans la modélisation dans le temps et dans l'espace : qu'est-ce qui va se passer à Dinar dans trente ans ? Qu'est-ce qui va se passer à Ouagadougou dans trente ans ? Sur ce point, les modélisations se précisent, et le bilan est globalement catastrophique. Aujourd'hui, on a suffisamment de recul pour confirmer la responsabilité humaine dans le changement climatique et pour pouvoir dire que, malheureusement, les événements exceptionnels vont très rapidement devenir la norme. La sécheresse estivale qu'on a connue il y a quelque temps en France sera, dans les années qui viennent, un événement régulier. Autrefois, on avait une inondation en France tous les dix ans, et maintenant on en a cinq par hiver. On est dedans. C'est ni plus ni moins la menace la plus grave à laquelle l'humanité ait jamais été confrontée. Ça devrait être la priorité des priorités dans nos investissements, dans notre économie, dans notre recherche, parce qu'il y a des solutions. Mais il faut les développer massivement, et l'on a fait trop peu jusqu'à présent.

C'est ça qui est paradoxal et terrifiant. Quand on se penche sur le sujet rationnellement, on fait ce constat d'une urgence absolue. Or, en France en tout cas, l'écologie semble empêtrée dans les petits jeux politiciens…

Pour la France, le paradoxe est que les grandes formations politiques ont toujours soit sous-traité cet enjeu aux écologistes politiques (à gauche), soit considéré que, comme c'était un enjeu de gauche, ils n'allaient pas s'en préoccuper (à droite). On est dans une espèce d'aberration irresponsable. Tout le monde devrait être écologiste au sens humaniste du terme, tout le monde devrait avoir envie que ses enfants ne soient pas balancés dans un monde chaotique.

À cela s'ajoutent plusieurs verrous. Le premier est culturel : les gens pensent que le progrès est un phénomène irréversible, que le temps est notre meilleur allié et qu'on trouvera toujours des solutions aux problèmes qu'on se crée. Ça n'est plus vrai : la marche du progrès a été interrompue, et il n'est pas exclu que nos enfants vivent plus mal que nous.

Deuxième verrou : nous sommes prisonniers du court terme, or les décisions qui s'imposent pour atténuer les souffrances à court terme ne sont pas les mêmes que celles qui sont nécessaires pour prendre en compte les souffrances sur le long terme.

Troisièmement, au-delà des symptômes, la cause des deux phénomènes les plus importants de la crise écologique — la crise climatique et la raréfaction de nos ressources —, c'est le modèle économique dominant. Comprendre cela a créé un état de sidération : nous pensions que le modèle économique actuel emmenait l'humanité vers un épanouissement général, et force est de constater que ce modèle n'est pas la solution, mais le problème. C'est une telle remise en cause qu'une fois encore on temporise.

Dans un monde où les médias accentuent encore cette pression de l'immédiateté, il est culturellement et structurellement impossible aux politiques de prendre en compte les enjeux du long terme en plus des impératifs du court terme. Notre démocratie et nos institutions ne sont pas adaptées pour prendre en compte ces deux échelles de temps. C'est la raison pour laquelle je fais partie de ceux qui prônent l'existence, en France, de lieux dégagés des impératifs du court terme, où l'on puisse réfléchir au futur sur le long terme. Il faut une organisation mondiale de l'environnement à l'échelle de la planète. En France, il faudrait une troisième chambre. Ce pourrait être un conseil économique, social et environnemental qui examinerait l'impact de chaque décision sur le futur et disposerait d'un droit de veto, un lieu où l'on traiterait les causes et non les symptômes. Il faut une nouvelle gouvernance, parce que c'est la première fois que le futur s'invite dans nos démocraties, où il n'est pas représenté.

Quand on voit l'ampleur des problèmes à résoudre au niveau mondial et le mode de fonctionnement politique actuel, on ne voit pas comment ça pourrait être possible...

Il est vrai que, dans le mode de fonctionnement actuel, toutes les décisions se font dans l'urgence, la précipitation, sans vision. Tant que nous n'aurons pas de lieux apaisés et documentés, où travailler sur le fond loin du brouhaha ambiant est possible, des lieux dotés d'un réel pouvoir politique, nous n'y arriverons pas. Le paradoxe de notre époque est que l'on est au carrefour d'une crise majeure, où la contrainte sur la société est très forte et où, paradoxalement, la créativité est très forte également. En d'autres termes, les solutions sont là, mais on ressort pour l'instant les mêmes vieilles recettes : dans une société très conformiste, on ne s'ouvre pas à la créativité en période de crise ; au contraire, on se replie sur soi-même.

La bonne nouvelle, c'est qu'un nouveau modèle économique est possible, et notamment l'économie circulaire. Des techniques sont prêtes à être opérationnelles demain. Ça demande de revoir notre modèle industriel, qui repose sur l'économie carbone, de revoir notre fiscalité, qui pèse sur le travail... Une révision totale est nécessaire.

Chaque citoyen voulant faire valoir son propre intérêt — et les médias attisant tout ça —, on perd conscience de ce qu'est l'intérêt général aujourd'hui. C'est la raison pour laquelle j'ai toujours souhaité que soit créé un poste de vice-premier ministre chargé du développement durable, quelqu'un à la tête de l'État qui n'ait que le futur comme grille de lecture et soit détenteur d'une vraie autorité. Aujourd'hui, nous sommes dans un système pyramidal, où un ministre, un Premier ministre, un président doivent prendre tous les matins cinquante décisions auxquelles ils n'avaient pas pensé la veille. Comment voulez-vous être à la fois dans la réaction et dans la réflexion ? C'est intellectuellement impossible. La qualité des hommes et des femmes politiques n'est pas à remettre en question, c'est le système qui n'est plus adapté à notre société.

Ce n'est donc pas réaliste d'être optimiste ?

Ce n'est peut-être pas raisonnable d'être optimiste, mais c'est encore plus déraisonnable d'être fataliste. L'optimiste et le fatalisme sont les deux faces d'une même médaille qui est la résignation. Dans les deux cas, vous abandonnez votre sort au destin : les optimistes disent que tout va s'arranger, et les pessimistes que tout est foutu. Il faut passer d'un pessimiste de raison à un optimisme de volonté. Chacun doit faire ce qu'il peut avec ce qu'il a. C'est là que j'en reviens à mes forces invisibles. Peut-être n'ai-je pas conscience de tout ce qui est en marche.

Je veux insister sur une chose : aujourd'hui, ce n'est pas une fatalité. On peut faire face à tous les enjeux qui se présentent à nous. Avec les mêmes outils, on peut réduire la pauvreté, on peut réduire les inégalités, mais c'est un changement de modèle économique qui doit se faire : au lieu d'un modèle économique qui épuise, qui concentre les richesses, qui gaspille, il faut un modèle économique qui protège, qui partage. Il serait temps, dans notre pays, que l'on s'affranchisse de ces pratiques politiciennes partisanes qui tuent notre société et que l'on réunisse nos intelligences au-delà de nos clivages, sans pour autant abandonner nos valeurs.

Alors que le monde est en train de se dérober sous nos pieds, cette espèce de théâtre permanent entre la gauche, la droite, l'extrême gauche et l'extrême droite est non seulement irresponsable, mais tragique. Quand vous discutez en privé avec les hommes et les femmes chargés de responsabilité dans ces partis, pas un ne remet en cause cette analyse, et vous avez l'impression d'être face à des gens très conscients, très raisonnables ; une fois qu'ils ont repris leur posture politique, en revanche, ils cèdent à la psychologie de la horde, abandonnant leur conscience individuelle au profit d'une inconscience collective. Victor Hugo disait que les hommes préfèrent la consigne à la conscience, et les politiques sont comme ça : ils sont capables de renier une chose à laquelle ils tiennent pour la seule raison que c'est une consigne de leur parti.

Alors, quelle est la solution ? Ce que vous faites avec votre fondation et ce que font des milliers d'autres initiatives locales, une action citoyenne individuelle ?

C'est indispensable, mais ce n'est pas suffisant. C'est indispensable parce qu'il faut multiplier les initiatives, il faut montrer et encourager les choses qui marchent... Ce n'est pas suffisant car, si le système dominant, qui est en train d'épuiser la planète et de creuser les inégalités, perdure sans qu'il y ait de règles, sans qu'il y ait de lois qui mettent fin à ça, si des multinationales sont toujours capables d'arriver en Afrique, de spolier les gens de leur terre et de produire de la richesse qui va aller directement dans un paradis fiscal sans même passer par les États, si tout ça reste possible, on n'y arrivera pas. Il faut donc aussi que la communauté internationale fixe un certain nombre de règles.

Vous qui avez l'expérience de ce monde international, qui avez côtoyé de très nombreux dirigeants politiques, vous savez comment le système fonctionne. Pensez-vous qu'on puisse mettre les vraies solutions en œuvre sans un gigantesque électrochoc ?

Les électrochocs vont arriver ! Malheureusement, nos meilleurs alliés sont les événements. Il y a quelque temps a eu lieu une manifestation de masse en Chine à cause de la pollution. La police a tiré dans la foule, c'est la terreur des Chinois. Aux États-Unis, l'économie subit la multiplication des événements climatiques. Les militaires considèrent que la crise climatique est une menace intérieure plus importante pour les États-Unis que les terroristes. Chez nous aussi, on voit la multiplication des inondations en hiver, la multiplication des périodes de sécheresse, les incendies… Les assureurs vont vouloir se désengager ; bientôt, nous ne serons plus assurés pour les catastrophes naturelles. Il y a un principe : on peut bien tourner le dos à la réalité, elle vous rattrape toujours.

Jeremy Rifkin

Vers une génération de partage et de collaboration

Visionnaire, conseiller de grands chefs d'État, Jeremy Rifkin prévoit un profond changement économique. Signe de l'émergence d'une conscience globale ?

Économiste, conseiller politique et activiste américain, fondateur et président de la Fondation pour les tendances économiques (Foundation on Economic Trends, FOET), Jeremy Rifkin est un penseur incontournable de notre temps. Le magazine politique américain *National Journal* a classé ce spécialiste des prospectives économiques et scientifiques dans sa liste des cent cinquante personnes les plus influentes sur la politique américaine. Jeremy Rifkin a conseillé la Commission européenne et le Parlement européen, M. Zapatero, Premier ministre espagnol — lorsqu'il fut président de l'Union européenne —, Mme Merkel, chancelière allemande, M. Socrates, Premier ministre portugais, et M. Jansa, Premier ministre slovène, lors de leurs présidences respectives du Conseil de l'Europe, sur des questions liées à l'économie, aux changements climatiques et à la sécurité énergétique. Il est aussi l'auteur d'une vingtaine de best-sellers, dont la trilogie : *Une nouvelle conscience pour un monde en crise, la Troisième Révolution industrielle* et *la Nouvelle Société du coût marginal zéro*. Jeremy Rifkin a accepté de partager avec nous sa vision du profond changement de conscience que nous vivons actuellement.

Lorsque nous analysons les données économiques et écologiques, il est difficile de garder espoir. Est-il possible de préserver l'espérance ?

Je pense que notre culture moderne est construite sur une profonde incompréhension de la nature humaine. Pour le dire simplement, nous voyons l'être humain comme étant un monstre prédateur, brutal, compétitif, cherchant l'autonomie, l'indépendance et la satisfaction personnelle. Ces idées ont pris forme il y a plus de deux cents ans, durant l'âge des Lumières, au début de l'ère du marché. John Locke, un philosophe anglais précurseur des Lumières, a avancé que les enfants naissent comme des pages blanches, en ajoutant tout de même qu'ils ont une prédisposition pour l'acquisition de la propriété. Adam Smith, un économiste écossais, a poursuivi en disant que les enfants arrivent au monde avec le besoin d'être autonome et de satisfaire leurs intérêts personnels. Jeremy Bentham, autre philosophe anglais, a ensuite affirmé que les bébés naissent pour satisfaire leur plaisir et que nous sommes des créatures utilitaires. Charles Darwin, comme nous le savons, a déclaré que la préoccupation principale des créatures sur terre est de se reproduire afin de survivre. Enfin, Sigmund Freud a insisté sur le fait que les bébés sont animés d'un appétit sexuel insatiable et que nous passons notre vie essayer de satisfaire notre libido. Est-ce réellement ce que nous voyons lorsque nous regardons un bébé ? Si vraiment nous sommes tout cela, alors oui, il est difficile d'avoir de l'espoir. Il n'y a aucune chance que 7 milliards d'individus rationnels, calculateurs, détachés, cherchant à satisfaire leurs intérêts personnels et matériels, se rassemblent en une famille globale et comprennent que nous vivons en symbiose avec nos compagnons des autres espèces. Cependant, les recherches actuelles, notamment en neurobiologie et sur le développement de l'enfant, montrent que nous sommes en réalité une espèce empathique et sociale. Nous cherchons la communication, la compagnie, le partage.

Que permet cette redécouverte de l'empathie ?

L'empathie nous permet de faire l'expérience de l'autre, comme si nous étions nous-mêmes en train de faire la même expérience que lui. Lorsque nous sommes dans l'empathie, nous sommes dans une conscience de la mort et dans une célébration de la vie en même temps. Quand je suis en empathie avec vous, je comprends que vous êtes fragile, mortelle, que la vie n'est pas toujours facile, et je vous montre de la compassion et de la solidarité. L'empathie nous fait comprendre que nous sommes tous dans le même bateau. Si l'être humain est câblé pour l'empathie, n'est-il pas possible d'étendre cette empathie à l'entièreté de la race humaine ? Pouvons-nous même la prolonger à notre famille évolutive, c'est-à-dire à toutes les espèces vivantes sur cette planète ? Parce que si nous arrivons à créer une conscience globale — que je préfère appeler conscience biosphérique —, nous pourrons peut-être nous en sortir. En revanche, si nous ne parvenons pas à développer cette conscience biosphérique, je ne vois pas comment nous allons faire face aux changements climatiques actuels et à leurs conséquences. Nous sommes actuellement au cœur d'une sixième extinction de masse, la sixième en 450 millions d'années. Il nous faut d'urgence prendre conscience de l'énormité de notre situation.

Ainsi, l'esprit humain pourrait évoluer vers une conscience biosphérique ?

Oui, la conscience d'un homme de la préhistoire, ou même de l'époque médiévale, et notre conscience d'aujourd'hui sont différentes. Les historiens nous parlent d'une série d'événements marquants, souvent dramatiques, mais il y a une autre histoire, que souvent nous ne voyons pas. Frederick Hegel, le philosophe allemand, disait : « Les périodes de bonheur sont pour l'histoire des pages vides. » Or, ces pages vides sont les changements de conscience, qui étendent notre capacité d'empathie à des familles de plus en plus larges. Cette évolution de la conscience est liée aux changements de régime énergétique, de logistique des transports et de communications. Lorsque nous accédons à de nouvelles sources d'énergie, nous développons de nouvelles infrastructures et arrivons à gérer des organisations de plus en plus vastes et complexes. Nous étendons en quelque sorte notre système nerveux à l'extérieur de nous, et ce de plus en plus loin. Cela change nos orientations spatio-temporelles, et donc notre conscience. Nous créons des civilisations qui rassemblent de plus en plus de personnes et élargissons la « famille » avec laquelle nous sommes en empathie.

Auriez-vous un exemple ?

Pendant 93 % du temps de leur existence sur cette planète, les hommes ont été des chasseurs-cueilleurs. Leurs sources énergétiques dépendaient des plantes, des animaux et des capacités de leur corps. Ils ont créé le langage pour s'organiser socialement, et avaient une conscience mythologique. Leur capacité d'empathie s'étendait au lien de sang. L'émergence des grandes civilisations hydrauliques, qui ont développé l'agriculture centralisée, a élargi nos consciences. Regardons Summer, en Mésopotamie : nous sommes alors passés de petites tribus à des civilisations regroupant des milliers de personnes capables de gérer des stocks de céréales. Pour cela, il a fallu construire des canaux, des routes, une forme de vie urbaine et l'écriture cunéiforme. Ce qui est fascinant, c'est que partout où nous voyons apparaître une grande civilisation hydraulique, Moyen-Orient, nord de l'Inde, Chine, Mexique, nous voyons l'apparition d'une forme d'écriture, qui permet d'étendre notre capacité de gestion. Nous constatons aussi que toutes les grandes religions naissent à ce moment-là. Nous passons ainsi d'une conscience mythologique à une conscience théologique. Notre capacité empathique s'étend de nouveau : nous passons des liens de sang aux liens religieux.

Que se passe-t-il actuellement ?

La première révolution industrielle, basée sur l'essor des moteurs à vapeur consommant du charbon, a lieu au XIXe siècle. L'impression permet de produire des livres et des journaux en masse, en parallèle de l'avènement du télégraphe et de la construction de vastes réseaux ferroviaires. Notre empathie s'étend de nouveau. Nous passons d'une conscience théologique à une conscience idéologique. Au XXe siècle, deuxième révolution industrielle. Le téléphone devient le système de gestion d'un nouveau régime énergétique basée sur le pétrole et le moteur à combustion. L'empathie s'étend de nouveau à une conscience psychologique. Pouvons-nous passer à la prochaine étape, qui serait la conscience biosphérique ? Je pense que nous sommes déjà en chemin, bien qu'il y ait possiblement encore des obstacles.

Quels sont les facteurs d'apparition d'une conscience biosphérique ?

Environ 40 % de la race humaine est connectée à Internet, et nous arriverons rapidement à près de 100 %. Internet et les ordinateurs personnels provoquent une transformation profonde de nos habitudes de communication. Non seulement 3 milliards d'individus sont actuellement connectés au même réseau, mais ces nouvelles technologies ne sont plus centralisées, hiérarchisées et basées sur la propriété privée : elles sont distributives, collaboratives et basées sur l'accès libre. Cela veut dire que des milliards de personnes peuvent, à l'heure actuelle, prendre un petit objet dans leurs mains et envoyer son contenu aux autres milliards de personnes connectées de manière distributive. Ce changement considérable constitue la base d'une troisième révolution industrielle, en cours actuellement.

Vous parlez dans vos ouvrages de l'émergence de cette troisième révolution industrielle et d'une nouvelle société du coût marginal zéro. Pouvez-vous nous en donner les grandes lignes ?

Je suis enseignant à la Warthon School, la plus vieille école de commerce des États-Unis. Là-bas, le discours principal est qu'il faut continuellement intégrer de nouvelles technologies pour augmenter la productivité et réduire le coût marginal. Cela permet d'offrir des biens et des services de moins en moins chers. Le coût marginal, c'est le coût de production d'une unité supplémentaire — un bien ou un service — après que les prix fixes ont été payés. Par exemple, une fois que vous avez un morceau de musique digitalisé, en vendre une unité de plus ne coûte rien en termes de production. Cela devient un produit à coût marginal zéro. Ce qui est très étonnant, c'est que personne n'a vu le paradoxe auquel cette recherche du coût marginal zéro nous mène, et pourtant nous y sommes déjà, à très grande échelle.

Pour commencer, nous avons des centaines de millions de jeunes qui partagent sur Internet leur musique, leurs vidéos, leur littérature à un coût marginal voisin de zéro en utilisant une économie de partage. Ils court-circuitent les droits d'auteur et toute l'industrie des médias : musique, télévision, cinéma, presse et publications. Nous voyons aussi maintenant apparaître pléthore de cours en ligne, animés par les meilleurs professeurs et donnant accès à des diplômes académiques, pour un coût marginal lui aussi proche de zéro, alors que les mêmes cursus à l'université coûtent des milliers de dollars. De plus, avec l'avènement de l'intelligence artificielle, nous avons des logiciels, certains libres, qui peuvent non seulement assurer des performances administratives basiques, mais aussi produire des analyses de données pertinentes, normalement fournies par des experts. Tous ces biens et ces services deviennent pour ainsi dire accessibles et gratuits.

Le partage serait la nouvelle valeur émergente ?

Nous avons tous lu *Sa Majesté des mouches*. Nous avons tous pensé que le partage n'était pas viable. Regardons mieux. Sur Internet, les nouvelles générations pensent en termes de partage et de collaboration. Prenons Wikipédia : qui aurait pensé que cela marcherait ? La réalité, c'est que des millions de gens passent beaucoup de temps à contribuer par leur savoir à ce bien commun. Ils s'autorégulent les uns les autres en vérifiant ce qui a été mis en ligne, si bien que nous avons un produit final gratuit et de qualité. C'est du *crowd-sourcing*, de la production collaborative de masse. YouTube, Linux et tous les logiciels libres sont d'autres exemples frappants. Apparemment, toute une génération n'a rien d'autre à faire après l'école que d'inventer de nouvelles façons de partager les choses gratuitement, et vous ne pouvez pas vous battre contre des millions de jeunes adolescents qui ne font que ça.

Ce phénomène semble toutefois ne concerner que les produits et les biens « virtuels ».

Les autres secteurs industriels pensent en effet qu'il y a une limite infranchissable à cette révolution qui fera qu'ils ne seront pas touchés : celle de la matérialité. Ce qu'ils ne réalisent pas, c'est qu'avec l'internet des objets, l'internet des énergies et les sites de partage de services et de biens, comme Airbnb ou BlablaCar, ce phénomène est en train de se répandre de manière massive. Toutes les industries seront finalement affectées. Prenons l'internet des objets : avec des imprimantes 3D, il est maintenant possible d'accéder à des logiciels libres de droits et d'imprimer des objets en recyclant des matériaux comme du plastique, du papier ou du métal. Une première voiture imprimée en 3D vient d'être produite. Le président Obama veut que chaque école ait une imprimante 3D dans les années à venir, et le phénomène va faire boule de neige. Cela veut dire que des millions de jeunes vont produire un nombre incalculable d'objets utiles et devenir des « prossommateurs », des consommateurs devenus des producteurs contributifs, ce qui aura un impact économique considérable.

Qu'est-ce que l'internet des énergies ?

Nos nouvelles technologies permettent un nouveau régime énergétique : l'énergie distribuée. Les énergies distribuées sont plus connues sous le terme d'énergies renouvelables : le solaire, l'éolien, la géothermie… Nous les qualifions de « distribuées », car, contrairement aux énergies fossiles que nous utilisons actuellement et qui ne sont accessibles que dans certains endroits du globe, elles sont disponibles partout sur la planète. Tout le monde peut les produire et les distribuer pour un coût marginal proche de zéro une fois que l'équipement est rentabilisé. Le soleil, le vent, la terre, la mer, la biomasse n'envoient pas de factures… Plus besoin de stratégies militaires colossales pour les sécuriser, ni d'énormes investissements en capitaux afin de les produire et de les amener jusque chez nous. Ainsi, les bâtiments vont devenir des sources d'énergie. Bouygues en a construit un à Paris qui produit tellement d'énergie par lui-même qu'il en renvoie dans le réseau de distribution. Nous avons aussi de nouveaux moyens de stockage de ces énergies. Pendant des années, les gouvernements ont dit qu'il n'était pas sérieux de gérer une économie mondiale avec des énergies renouvelables. Aujourd'hui, nous pouvons utiliser notre infrastructure pour créer un internet de l'énergie, c'est-à-dire échanger de l'énergie à travers les continents. Cela va produire un changement de régime énergétique colossal. En Allemagne, 35 % de l'électricité proviendra bientôt de sources renouvelables. En l'espace de cinq ans, nous avons vu toutes sortes de petites structures collaboratives, qui partagent leur énergie et fonctionnent démocratiquement, mettre à mal les quatre ou cinq grosses entreprises énergétiques allemandes. Qui aurait imaginé cela ? Les choses vont vite, très vite.

Nous serions donc en présence de nouveaux moyens d'extension de notre empathie ?

Quand les premiers astronautes du programme Apollo ont envoyé leurs photos de la planète Terre, celles-ci ont fait la couverture de tous les grands journaux. Pour la première fois, l'espèce humaine voyait son monde de l'extérieur. En 2010, l'information sur le tremblement de terre à Haïti était sur Twitter en trente minutes. En l'espace d'une heure, les images étaient sur YouTube. En moins de deux heures, des millions de personnes dans le monde entier s'étaient mobilisées dans un élan empathique considérable. Sur différents continents, les nations se rassemblent pour former des unions. En France, vous êtes au cœur de l'Union européenne, mais cela se passe aussi en Asie, en Afrique, en Amérique du Sud. Tous ces phénomènes sont le signe de l'émergence d'une capacité d'empathie biosphérique.

Les êtres humains commencent à vraiment comprendre, de manière très concrète, qu'ils sont tous sur la même planète, qu'ils font partie d'une même biosphère et qu'il est intelligent de partager et de collaborer. Surtout, nous avons une nouvelle génération qui pense et fonctionne de manière systémique. Ces jeunes de 13 ou 14 ans veulent savoir d'où vient le morceau de viande dans leur assiette. Ils commencent à comprendre qu'il vient peut-être d'un endroit sur terre où la forêt tropicale a été coupée pour le produire. Ils remettent en question les habitudes de leurs parents en leur demandant pourquoi la télé est tout le temps allumée, même quand personne ne la regarde, pourquoi ils utilisent tant d'eau, pourquoi ils ont deux voitures. Autre changement énorme : ces jeunes gens ne se soucient plus d'être propriétaires. Ce qu'ils veulent maintenant, c'est avoir accès à des services et des biens. C'est la notion d'accès qui devient centrale, plus que celle de propriété. Les gens de ma génération étaient loin de penser ainsi.

Est-ce la fin du capitalisme ?

Non, je le dis très clairement au début de mon dernier livre, le capitalisme ne va pas disparaître. Nous ne pourrons pas nous passer de certaines de ses structures hiérarchisées et verticales. Par exemple, la première révolution industrielle a nécessité d'énormes investissements pour construire l'infrastructure du réseau ferroviaire, des routes, etc. Nous avons dû créer des sociétés actionnaires de manière à rassembler des fonds colossaux et des moyens sous un même toit, avec une gestion centralisée. Nous aurons certainement toujours besoin de ces modes capitalistes pour construire les grosses infrastructures. Cependant, le capitalisme va devoir cohabiter avec un nouveau système appelé économie du partage et basé sur les communaux collaboratifs. Nous allons donc vers un système économique hybride dans lequel des milliards de personnes vont s'engager dans des aspects sociaux de la vie au travers de millions d'organisations autogérées.

Cela vous permet-il d'avoir de l'espérance ?

Je ne suis pas naïf, j'ai été sur terre trop longtemps pour cela. Je pense que l'histoire est instable et que nous ne pouvons réellement anticiper le futur. Il peut y avoir des catastrophes naturelles, des dirigeants corrompus, nous pouvons continuer d'être aveuglés par nos intérêts personnels. Nous vivons dans un monde imparfait, et je suis contre les idéaux de perfection. En revanche, je vois qu'un mouvement est déjà en marche, qui pourrait nous mener vers une conscience biosphérique. J'y participe donc, en rassemblant toutes les données que nous avons et en les recadrant dans une image globale, car, une fois que nous pouvons conceptualiser ce qui se passe, il devient plus facile d'accompagner le mouvement. La seule façon de réduire notre empreinte écologique sur la planète est de produire une société à coût marginal zéro et de partager nos biens et nos services. Nous avons donc la possibilité, actuellement, de choisir des chemins plus empathiques et démocratiques. Si vous avez un plan B, dites-le-moi. La bonne nouvelle, c'est que nous commençons à avoir une génération qui pourra peut-être gérer les changements climatiques avec une conscience biosphérique.

Jean-Claude Guillebaud

En guerre contre le pessimisme

Reporter de guerre pendant plus de vingt-cinq ans, Jean-Claude Guillebaud est un observateur attentif des luttes et des souffrances du monde. Fatigué par la sinistrose ambiante, il pousse un coup de gueule : l'espérance commence par la lucidité. Rien n'est foutu !

Né en 1944, Jean-Claude Guillebaud s'oriente vers le droit et devient journaliste à *Sud-Ouest,* le grand quotidien régional de Bordeaux, pour payer ses études. Envoyé à Paris en mai 1968 par le directeur Henri Amouroux pour couvrir les événements, il ne passera jamais l'agrégation ; il est embauché à plein temps dès l'automne. Il effectue alors son premier reportage de guerre, au Biafra, et est « aspiré par le grand reportage », comme il le dit. Début 1969, ses reportages sur le Biafra sont repris dans plusieurs journaux en France. Il est nommé officiellement grand reporter. Suivent le Viêtnam, le Cambodge, le Laos, la guerre entre l'Inde et le Pakistan en 1971. Il est récompensé du prix Albert-Londres en 1972, ce qui lui vaut une proposition d'embauche au *Monde.* Il y passera quinze ans et couvrira à peu près tous les conflits : guerre du Kippour, la révolution éthiopienne, la guerre du Liban, le renversement du Shah d'Iran... En 1977, tout en poursuivant son métier de grand reporter, il devient éditeur au Seuil pour s'occuper des sciences humaines, « envie d'une espèce de recyclage intellectuel ». Il publie Edgar Morin, Michel Serres et Henri Atlan, entre autres, et devient un observateur attentif des grandes mutations en cours. Cela le conduit à l'écriture, non plus de livres de journalisme, mais de livres de réflexion sur ces transformations qui agitent nos sociétés. Mutations géopolitiques, économiques, techniques, spirituelles aussi, qui sont pour lui « la rupture avec le scientisme un peu bête des années 1970 ». Le point commun à tous ces livres de réflexion est, dit-il, « qu'ils pouvaient faire peur, car j'annonçais des choses un peu effrayantes ». Mais Jean-Claude Guillebaud s'en défend : « Tous mes livres sont marqués par l'espérance, par le refus du pessimisme et du catastrophisme. » Nous allons voir pourquoi, pour Jean-Claude Guillebaud, l'espérance est une reconquête sur les blessures, sur les peurs qui nous habitent, à la portée de tout le monde.

Vous qui avez été témoin de tout ce dont l'humanité est capable en matière d'atrocités, comment pouvez-vous encore croire en l'espérance ?

J'ai effectivement vécu plus de vingt-cinq ans dans la guerre, dans les égorgements, dans les tueries épouvantables. La guerre du Liban, qui a duré quinze années, a été par exemple d'une sauvagerie dont vous n'avez pas idée. Alors oui, on me demande souvent comment malgré cela je reste dans l'espérance, et je réponds chaque fois la même chose : dans ces zones de guerre, sans aucune exception, j'ai toujours trouvé des gens qui ne désespéraient pas. Même dans les pires situations, il se trouvait des hommes et des femmes qui avaient la détermination, la volonté, le courage de faire face, de ne pas sombrer dans le découragement ou le pessimisme. J'ai pris des leçons d'espérance auprès de Vietnamiens, de Cambodgiens, d'Éthiopiens décimés par la famine. Ils avaient toutes les raisons d'être pessimistes, et pourtant ils n'acceptaient pas de désespérer.

Et à quoi attribuez-vous ça ?

Je ne sais pas. À l'instinct de conservation ? À la capacité des hommes d'être courageux ? D'être joyeux même dans les pires moments ? J'ai vécu des situations incroyables dans les bidonvilles de Calcutta, par exemple, où les gens misérables étaient plus joyeux que ceux que je retrouvais à Paris en atterrissant. Les êtres humains ont cette capacité face à l'adversité, au danger, à ne pas baisser les bras. Pendant vingt-cinq ans, je me mettais presque en colère chaque fois que je rentrais à Paris. J'appelais cela le « syndrome de Roissy ». Quand vous revenez du bout du monde où tout est à feu et à sang et que vous arrivez en France, vous avez le sentiment d'être revenu dans un pays privilégié. Mais votre premier contact avec ce pays, après trois semaines, un mois d'absence, c'est le chauffeur de taxi à Roissy. Avant même que vous soyez monté dans sa voiture, il commence à râler : « Y en a marre, l'essence est trop chère, le ministre de l'Intérieur est un imbécile, le gouvernement, c'est des crétins, y a trop de taxis, y a des embouteillages, etc. » À partir de ce moment-là, vous savez que vous allez entendre cette chanson partout. Désespérance, sinistrose. C'est curieux, mais quand vous êtes dans l'espérance, quand vous êtes dans l'optimisme, vous passez pour un benêt. La mode est au catastrophisme. Alors j'ai pris ça en grippe, parce que je me suis dit que sombrer dans le pessimisme serait trahir tous les gens que j'avais laissés là-bas, ceux qui continuent de se battre, partout. J'ai été vacciné contre la sinistrose pendant ces vingt-cinq ans de reportage de guerre.

N'avons-nous pas aujourd'hui plus de raisons d'être inquiets ?

Bien sûr, pour les jeunes notamment, l'avenir semble plus sombre aujourd'hui qu'il ne l'était quand j'avais leur âge. Il y a le chômage des jeunes, les difficultés pour trouver une place dans la société… Globalement pourtant, notre prospérité, notre niveau de vie, notre façon d'être par rapport au reste du monde est encore incroyablement chanceuse. Notre système de santé fait encore rêver tous les pays du monde.

C'est important de le dire ?

C'est très important. Dans le même temps, parler d'espérance ne signifie pas jouer au ravi de la crèche, affirmer que tout va bien, non ! L'espérance commence par la lucidité, et être lucide, c'est être conscient que l'on est dans une société qui se désagrège, où toutes les institutions — syndicats, partis politiques, famille, justice — sont en crise. Les inégalités ont fait des bonds prodigieux. Il y a de la précarité : cinq millions de chômeurs ici, en France, si l'on compte bien. C'est inimaginable. Il s'agit de regarder tout ça en face. C'est justement quand les choses vont mal qu'il faut être dans l'espérance.

On décide d'être dans l'espérance ?

Dans le concept d'espérance, il y a une part de volontarisme. Saint Augustin a cette phrase superbe : « L'espérance a fabriqué deux beaux enfants, la colère contre l'injustice du monde et le courage de s'y attaquer. » Formidable ! L'espérance, ce n'est pas mièvre.

Pourquoi l'époque est-elle au désenchantement ?

Le XXe siècle a été un désastre. Il a vu toutes les grandes raisons d'espérer englouties dans les deux guerres mondiales, dans la Shoah, dans les massacres. Ce fut l'un des siècles les plus sanglants de l'histoire. Et l'on s'est massacré au nom de quoi ? De l'espoir de lendemains qui chantent, de bons sentiments. Alors on ne nous y reprendra plus ! L'espérance, c'est bien beau, mais si ça mène au goulag, aux charniers du Cambodge… Ce phénomène de retrait, de désenchantement est finalement assez compréhensible. Pourtant, une société ne peut pas vivre sans projet, et, depuis une bonne quinzaine d'années en Europe, les dirigeants politiques ne sont pas des aigles. Ce sont des enfants de la télé, des enfants incultes, des gens modestes qui gèrent le présent. Que veut-on faire de demain ? Dans quel monde voulons-nous que nos enfants vivent ? Sans projet discuté démocratiquement, sans un minimum de vision d'avenir, sans ce « goût de l'avenir », on laisse la finance, la technologie, décider à notre place. On fait son deuil de la citoyenneté. La démocratie est une croyance respectable selon laquelle le monde de demain sera notre décision et non le fruit de je ne sais quel destin, mais elle n'existe et ne peut fonctionner que si chaque électeur est convaincu qu'en allant voter il contribue, dans une petite mesure, à construire le monde de demain, que l'avenir qui attend nos enfants sera notre œuvre.

La désespérance actuelle n'est-elle pas plus grande parce qu'elle n'est pas fondée sur des difficultés passagères, comme une guerre, mais sur une crise profonde ?

Il y a un mot qu'il faudrait nous arracher de la tête, un mot que nous entendons trois cent cinquante fois par jour, c'est ce mot « crise ». On vous parle de la crise, on est dans la crise, la crise économique… Or, ce mot n'a pas de sens ! C'est un mensonge. Regardez dans un dictionnaire : une crise est un dérèglement provisoire dans le fonctionnement d'un système. Donc, ce que l'on appelle la « fin de la crise » serait un retour à la situation d'avant la crise. Si vous avez une crise de foie et qu'on vous guérit, vous êtes à nouveau en bonne santé, comme avant la crise de foie. Mais ce n'est pas ce qui se passe. On ne reviendra jamais au monde d'hier. Nous sommes en train de vivre non pas une crise, mais une gigantesque mutation. Nous changeons de monde. En fait, nous vivons plusieurs mutations : mutations géopolitiques, mutations spirituelles, mutations techniques, mutations génétiques, mutations économiques. Toutes ont un point commun : elles portent en elles autant de promesses que de menaces. Ça veut dire qu'elles attendent de nous qu'on les prenne en main, qu'on les gouverne, qu'on les oriente. Notre devoir de citoyen est de tout faire pour conjurer les menaces et faire advenir les promesses. Voir les choses sous cet angle redonne l'envie d'agir, nous réveille… On n'est plus dans la crise. Dans la crise, on attend que la croissance revienne, mais va-t-elle revenir ? La croissance des Trente Glorieuses, c'est fini ! On est sorti d'un monde.

Le philosophe Michel Serres me disait que, pour trouver une mutation aussi importante que celle que nous vivons depuis une trentaine d'années, il faut remonter à la révolution du néolithique, il y a douze mille ans. Ce que nous vivons est bien plus important que la fin de l'Empire romain ou la Renaissance.

Alors c'est quoi ?

Notre rapport au territoire est en train de changer. Prenez par exemple la mondialisation, qui est ce que j'appelle la mutation économique. La mondialisation, c'est le fait que l'économie de marché n'est plus réglementée par un pays, mais à l'échelle du monde. Ça veut dire que la démocratie ne peut plus contrôler le marché. Si vous voulez imposer une loi sociale dans votre pays, par exemple, eh bien les entreprises iront ailleurs. Les politiques espèrent que les multinationales vont venir se réinstaller chez nous, mais il y a une déconnexion entre la volonté démocratique et le marché. La mondialisation, c'est ça, et c'est terrifiant pour nous, Européens, en ce moment parce que nous subissons des contraintes et la concurrence terrible des pays émergents. Pour nous, c'est une mauvaise chose. Ça génère de la souffrance. Si en revanche on regarde les choses à l'échelle du monde — comme moi, qui continue de voyager beaucoup, ou si vous allez en Inde, en Chine, en Amérique latine… —, c'est grâce à la mondialisation que des centaines de millions de personnes sont sorties de la misère. Au cours de ce qu'on appelle les Trente Glorieuses, entre 1945 et 1975, les Européens se sont enrichis de 450 %, alors si l'on perd demain 10 % de prospérité, ce n'est pas non plus dramatique. Il faut avoir le courage de raisonner un peu à l'échelle du monde.

Vous parlez de développement économique, de la sortie de la pauvreté de centaines de millions de gens… Le corollaire, n'est-ce pas l'épuisement des ressources ?

C'est la cinquième mutation : la mutation écologique. Depuis plusieurs décennies, nous savons que si nous continuons de vivre de cette façon-là, il nous faudra trois ou quatre planètes Terre. Mais on en a qu'une ! Si, dans les années qui viennent, la Chine a autant de voiture pour cent mille habitants que nous, Européens — ce qui n'est d'ailleurs pas énorme —, elle consommerait à elle seule toute la production pétrolière du monde. Alors comment fait-on ? Tout d'un coup, nous prenons conscience que nous ne pouvons plus vivre comme ça. Il faudra que l'on vive autrement à tous les égards, et c'est là que le retour de la spiritualité est fondamental. Regardez : quels sont les gens aujourd'hui qui fascinent le plus les jeunes ? Martin Luther King, Nelson Mandela, Gandhi. Trois personnes qui sont marquées par la non-violence et par la spiritualité. Je n'aime pas trop quand on dit que la religion fait son retour, car c'est la spiritualité qui fait son retour. La spiritualité fait partie de l'homme, elle est consubstantielle à la nature humaine. Nous sommes des êtres spirituels par nature.

Mais que les mutations puissent conduire à un avenir fondamentalement positif n'enlève rien au fait que l'ampleur des bouleversements en cours décourage certains.

Même si je trouve les jeunes plutôt moins pessimistes que les vieux, je comprends très bien que l'on puisse éprouver cela parce que les choses changent tellement vite que la peur et les interrogations sont légitimes. J'observe d'ailleurs que cette inquiétude débouche, parfois même chez les jeunes, sur de la nostalgie. « C'était mieux avant ! » Même des gens très intelligents se laissent aller à cette forme de nostalgie. Pourtant, quand on y réfléchit, s'imaginer qu'hier c'était le bon vieux temps est absurde. Nous projetons sur le passé des regrets qui n'ont pas de raison d'être.

Je vais être plus précis : j'ai fait mon droit dans les années 1960. À l'époque, il y avait moins de deux cent mille chômeurs en France, et le niveau de vie augmentait chaque année. On a donc tendance de nos jours à dire que c'étaient des années heureuses. C'était la période du yé-yé, c'était plutôt joyeux. Pourtant, réduire les années 1960 à ça est idiot. Je me souviens de ce dont on parlait le plus à cette époque : on était convaincu qu'on allait connaître la guerre nucléaire, on était en pleine guerre froide. On sait maintenant qu'on n'en est pas passé loin à plusieurs reprises, en 1962 notamment. On avait une vision noire de l'avenir, plus noire encore que celle qu'on peut avoir aujourd'hui. Remontons de vingt ans, pour rejoindre 1942. En France, non seulement c'était l'Occupation — après Pearl Harbor et avant Stalingrad —, mais c'était le moment le plus noir, celui où l'on avait toutes les raisons de penser que le nazisme était là pour mille ans, comme ils disaient. N'y avait-il pas beaucoup plus de raisons de désespérer à l'époque ? Eh bien, ils sont nombreux à ne pas l'avoir fait (j'ai été l'éditeur de Lucie Aubrac…). Reculons d'encore vingt ans, jusqu'en 1922. Nous sommes juste après la Première Guerre mondiale, ce moment où l'intelligence européenne a vacillé, où deux pays parmi les plus civilisés du monde se sont livrés à une boucherie sans nom. Continuez l'exercice en remontant de vingt ans en vingt ans jusqu'à l'homme de Cro-Magnon, et chaque fois vous trouverez autant de raisons d'espérer que de raisons de désespérer. Il y a une citation magnifique de Gandhi qui dit : « Un arbre qui tombe fait beaucoup de bruit, une forêt qui germe ne s'entend violente que celle du XIXe siècle. Si on regarde sur une plus grande échelle de temps, je suis de ceux qui ont plutôt de l'espoir dans nos capacités à réguler notre société dans le sens de la paix publique. Mais que qualifie-t-on de violent au final ? Juge-t-on de la violence d'une société à l'aune de son taux de délinquance ? Lorsque des milliers de femmes et d'hommes sont mis à la rue à la suite de plans sociaux, c'est de la violence aussi, mais celle-ci n'est pas régulée. Le contexte économique actuel génère des frustrations, des blessures, des injustices. On a oublié que la plus grande richesse d'une entreprise, ce sont les hommes. Cette violence au quotidien que l'on rencontre dans la rue n'est que l'expression de la société. Je pense sincèrement que plus on blesse les gens avec cette forme de violence sociale, plus on alimente la peur du lendemain. Et qui va avoir envie de respecter les lois quand demain il sera à la rue ? La peur du lendemain incite à vouloir profiter de l'immédiateté, de la facilité. Quoi qu'il en coûte.

Est-ce pour cela qu'on parle de risque d'explosion sociale, de montée des extrêmes, à gauche comme à droite ?

Je voudrais qu'on puisse changer le système sans faire de révolution. Je le voudrais vraiment, parce que les révolutions, ce n'est jamais une bonne chose. Ce sont des drames, du sang, des injustices et de la misère. Je n'ai vraiment pas envie de ça pour ma société, mais une chose est sûre : dans cette impression générale que rien ne peut changer, à un moment donné, les décisions radicales vont s'imposer. Le chaos engendre le chaos, on le sait bien. Nous avons eu, dans les années 1970, des grands mouvements extrémistes de gauche et de droite qui ont dégénéré vers des formes de violence. Nos sociétés ont ensuite atteint un stade d'ajustement et d'apaisement dans les années 1990. Aujourd'hui, on ressent à nouveau cette violence sous-jacente liée aux injustices et aux décalages, qui redeviennent trop visibles. C'est ainsi que l'exaspération et les modes opportunistes — la criminalité est toujours opportuniste — sont en train de reprendre le devant de la scène. Je crois néanmoins que la révolution qui nous attend est intellectuelle. Elle aura pour moteur le respect et le partage. L'économie de demain va vers le partage. En fait, changer le monde, c'est le petit combat individuel de chacun, au quotidien.

Que représente l'espérance pour vous ?

Je dirais que c'est une flamme, présente lorsque nous sommes hors de notre zone de confort ou à proximité du risque. Lorsque tout va bien, au fond, je n'ai pas besoin d'espérance, je n'ai que de la peur, la peur de perdre ce que j'ai. Je ne peux être sensible à l'espérance que lorsque je risque ce que j'ai. Si je suis un pauvre bougre qui arrive de Syrie et qui va monter dans un bateau de passeur, j'ai l'espérance que ça sera mieux en Italie ou en France. Je suis sorti d'une telle misère que cette espèce de flamme, la flamme de vie, me donnera le courage d'affronter l'adversité, les passeurs et toutes ces choses horribles. L'espérance ne peut donc se construire que quand il y a du risque et de l'inconfort.

À quoi doit-on être vigilant ?

Au fait que l'homme est déraisonnable lorsqu'il est individualiste. Il protège ses petits intérêts et le système actuel nous a éloignés les uns des autres. Nous sommes de plus en plus individualistes, et l'individualisme actuel est la plus grande menace. Il fait peser un risque sérieux sur notre capacité en tant que société à juguler la pollution, parce que chacun ne regarde aujourd'hui que ses propres intérêts. Il fait peser un risque sur notre capacité à réduire la pauvreté, à permettre l'émergence de modèles innovants en politique, etc. Il faudrait beaucoup de courage, et ce n'est pas simple. Je suis néanmoins foncièrement optimiste, et je crois que la force de faire face à tous ces challenges est déjà en nous, réellement. Voilà des siècles que l'on arrive à passer outre l'adversité. L'histoire des hommes montre que l'on a toujours su transcender les difficultés.

PARTIE 3

Cultiver l'optimisme

Pourquoi certains sont-ils touchés par le désespoir alors que d'autres ne semblent pas atteints par les difficultés ? Nos réactions devant les difficultés incontournables de l'existence pourraient-elles être différentes ? Et si le bonheur ne dépendait pas de l'état du monde, mais de nous ? Et si être, dans l'espérance, c'était avoir confiance en ces ressources ?

Christophe André

Guy Corneau

Laurent Gounelle

Caroline Simonds

Christophe André

Je suis optimiste par effort

Quel regard le psychiatre Christophe André porte-t-il sur l'optimisme et le pessimisme ? Quels sont les ressorts psychologiques de l'espérance ?

Est-il réaliste d'être pessimiste ? Dans un monde où les défis s'accumulent et où les solutions semblent échapper aux individus, n'est-il pas raisonnable d'être plutôt pessimiste : « Ça ne marchera jamais ! Je préfère ne pas me faire d'illusions ! » Est-ce être naïf que de rester positif ? Quels sont les ressorts psychologiques de l'espérance, ou au contraire du désespoir ? Spécialiste de la méditation et du bonheur, le psychiatre Christophe André répond à nos questions : pourquoi, face à l'adversité, des sentiments différents, parfois opposés, émergent-ils chez les gens ? Pourquoi certains restent-ils heureux dans la pire des situations et, à l'inverse, d'autres sont-ils anéantis à la première difficulté ? Et si le bonheur ne dépendait pas de l'état du monde, mais de nous ?

Crise économique, chômage, violence, extrémisme, est-ce que tout va si mal docteur ?

Nos souffrances actuelles ne viennent pas seulement des crises. On ne peut nier qu'il y a des guerres, d'énormes inégalités sociales, etc. Cela fut également le cas dans le passé, le plus souvent en pire, mais nos ancêtres avaient peut-être moins d'attentes que nous en termes de bien-être, de bonheur et de confort. C'est l'écart entre les attentes qui sont les nôtres et la réalité qui nous inflige une double dose de souffrance (celle issue du réel et celle issue de nos attentes déçues). Cependant, je vois cette aspiration au bien-être qui caractérise notre époque plutôt comme une bonne chose, car elle nous pousse à essayer de changer et d'agir.

Quelles sont les racines du désespoir ?

Elles sont nombreuses. Chez l'homme, le désespoir s'accompagne de tout un tas de ruminations, de pensées, et il peut se déclencher alors même que des solutions existent dans l'environnement. Ses racines psychologiques se trouvent par exemple dans le sentiment d'impuissance — il n'y a rien à faire face à l'adversité, toute action sera vaine, etc. — né d'expériences de notre passé qui nous ont mis en situation d'impuissance. On a alors intériorisé qu'il était vain d'agir, que se débattre face à la difficulté n'arrangeait rien. Bien sûr, on peut aussi rencontrer des situations objectivement désespérantes…

Dispose-t-on d'études établissant que l'adversité augmente notre esprit combatif ? Est-il établi — ou est-ce une idée préconçue — que l'individu né dans un bidonville, par exemple, est plus outillé face à l'adversité que celui qui a vu le jour dans le confort d'un pays riche ?

Je pense que le mythe du pauvre heureux dans son bidonville a ses limites. Objectivement, on manque de données sur cela. J'aurais tendance à penser qu'il doit y avoir la même proportion d'optimistes et de pessimistes dans les bidonvilles que dans les quartiers chics de New York ou de Paris. J'ai toutefois le souvenir d'une étude qui avait essayé de mesurer le rapport entre l'aptitude au bonheur et la dose d'adversité reçue.

Un assez grand nombre de personnes avait été divisé en trois groupes, en fonction de ce qui s'était passé dans leur enfance. Les personnes du premier groupe n'avaient pas connu l'adversité (enfance très protégée, aucune confrontation à la mort, à la pauvreté, à l'insécurité). Celles du deuxième groupe avaient été confrontées à l'adversité alors qu'elles étaient majeures (drames, deuils et violences). Celles troisième groupe avaient rencontré une adversité ordinaire (divorce des parents, alcoolisme d'un des parents), mais pas de grande pauvreté, pas de grande maltraitance, et présence et soutien du reste de la famille. Les participants avaient été suivis à plusieurs reprises dans leur vie, et il ressortait de l'étude que les plus équilibrés étaient ceux qui avaient reçu une dose médiane d'adversité : c'est l'absence totale et l'excès d'adversité qui avaient rendu les individus beaucoup plus vulnérables ensuite.

Bien sûr, il y a des personnes ultrarésilientes, mais on peut dire que, si vous avez connu de grands traumatismes dans votre vie ou de grandes carences durant l'enfance, cela fait de vous quelqu'un de plus fragile à l'âge adulte, plus susceptible de rompre devant une nouvelle vague d'adversité. Dans le cas des personnes totalement épargnées par les difficultés, c'est un peu comme si elles n'avaient pas été vaccinées dans leur enfance par de petites doses d'adversité ordinaire et réparable. Le meilleur modèle serait donc de rencontrer l'adversité, mais soit avec des solutions qui permettent de s'en sortir, soit avec des consolations qui permettent de l'endurer, de lui trouver du sens. Certaines formes d'éducation des enfants occidentaux — où on tente de les protéger de tout, comme ne pas leur montrer leurs grands-parents morts, ne pas leur faire enterrer leur hamster, les tenir systématiquement en dehors des conflits et des disputes — posent d'ailleurs problème. Je pense qu'il y a un juste milieu à trouver. Accepter que les enfants souffrent lorsqu'il y a des problèmes dans leur famille ou autour d'eux n'est pas forcément un mauvais calcul, ni une carence éducative. Plutôt que de se dire qu'il faut tout faire pour ne pas mettre l'enfant en position de souffrir, je pense qu'il est préférable de ne pas le surprotéger, et lui laisser voir que toute souffrance est réparable et consolable.

Pourquoi selon vous, alors que les Français sont une des populations les plus privilégiées de la planète, se plaignent-ils sans cesse et affichent-ils un tel pessimiste ?

Il y a plusieurs hypothèses. En psychologie positive, on parle « d'habituation hédonique ». Il s'agit d'un phénomène connu, qui dit que chaque fois qu'une source de bien-être, de satisfaction est présente dans mon environnement quotidien, elle perd de son pouvoir à me rendre heureux. Dans la mesure où le bonheur est inhérent à la prise de conscience de ce qui va bien, si j'ai de l'eau chaude tous les jours, je n'y pense plus, cela ne me rend plus heureux ; en revanche, si je vis dans un bidonville de Dakar et que tout à coup j'ai de l'eau courante à volonté, c'est une grande source de bonheur, mais pendant quelque temps seulement, car ça devient vite quelque chose de normal. Nous perdons conscience de nos sources de bien-être si elles sont quotidiennement présentes.

Pour rompre cette habituation hédonique, il y a deux voies : soit l'adversité, qui nous ouvre les yeux ; soit la sagesse, la prise de conscience, c'est-à-dire se rappeler régulièrement que même si tout n'est pas parfait, bien sûr, il est peut-être indécent de rouspéter contre les aléas d'une existence dont rêveraient les trois quarts des humains sur cette terre. Dans l'autre voie, celle de l'adversité, il faut que les choses nous soient retirées un certain temps pour qu'on s'aperçoive de leur valeur. Après une randonnée de quatre jours en montagne, la première douche au retour semble extraordinaire.

En fait, ce mécanisme d'habituation hédonique est normal ; tout être humain s'habitue à ce qui est constamment présent dans son environnement, même aux bonnes choses. C'est un risque auquel nous sommes tous exposés. Cela ne veut pas dire qu'on ne peut rien faire. Au contraire : mesurons ce socle de chance dont nous disposons, protégeons-le, faisons-le grandir et essayons de faire que la plupart des gens puissent y avoir accès eux aussi.

Sait-on pourquoi, face à une même situation, un tel va perdre espoir et un autre non ?

Il y a sans doute trois facteurs. Le premier est biologique : génétique (il y a des personnes émotionnellement plus fragiles que d'autres), mais aussi épigénétique (l'influence sur l'expression de nos gènes des environnements de vie précoces). Par exemple, la grande adversité qu'une personne aura rencontrée très tôt dans sa vie l'aura biologiquement fragilisée en suractivant l'expression des gènes anxieux, ce qui n'aurait pas eu lieu dans des conditions affectives plus favorables. Ce même facteur épigénétique peut aussi jouer favorablement : même avec des gènes facilitant la fragilité, un maternage stable et chaleureux peut inactiver cet héritage.

Le deuxième facteur est psychologique. Là, on n'est plus dans les expériences affectives très précoces — ai-je été aimé ou rejeté dès les premières heures ? —, mais dans cette partie de notre vie qui démarre vers quatre à cinq ans, âge où l'on commence à être conscient et à avoir une représentation assez précise du monde qui nous entoure. A-t-on, durant cette période, grandi dans un environnement où les adultes, et en premier lieu nos parents, montraient face à des situations difficiles une attitude privilégiant l'espoir, la recherche de solutions ou la volonté de tenir bon ? Avons-nous pu observer que cette attitude était fructueuse, que ce soit face aux petits tracas de la vie — un pneu crevé... — ou face aux grands, la mort d'un proche par exemple. Si l'un de mes deux parents meurt, le comportement du parent survivant va être très important. Je peux parfaitement comprendre qu'il traverse une phase transitoire de désespoir, mais c'est sa renaissance après le temps du deuil — ou sa non-renaissance — qui va être pédagogique pour moi. Toutes ces leçons que la vie va me proposer, par imitation de modèles ou par expérimentation personnelle, vont considérablement faciliter l'apparition d'une tendance au désespoir ou, au contraire, d'une tendance à l'optimisme et à la combativité.

Le troisième facteur est le bain de croyances sociales dans lequel j'évolue : me dit-il qu'un individu peut agir sur son destin, changer le monde, ou me persuade-t-il de l'inverse ? Effectivement, dans nos sociétés occidentales et notamment en France, il y a cette espèce de morosité, de pessimisme ambiant. C'est un phénomène plus influent qu'on ne l'imagine, un peu comme la pollution de l'air : un air pollué ne fait pas mourir les gens tout de suite, mais altère lentement leur santé. Quand le moral qu'une nation est polluée par le pessimisme, cela ne nous conduit pas au suicide immédiatement, mais cela altère notre confiance, notre envie d'agir, notre conviction qu'il nous est possible d'influer sur notre destin.

Ne pensez-vous pas qu'être optimiste aujourd'hui est un peu irréaliste ?

La psychologie positive voit le pessimisme et l'optimisme comme deux types de réactions à ce qui est incertain. L'optimiste va supposer qu'il existe des solutions, puis va se mettre en action pour qu'elles surviennent. Le pessimiste, lui, va plutôt supposer qu'il n'y a pas de solutions, ou qu'elles seront soit incomplètes, soit compliquées à mettre en œuvre ; en conséquence, il va être moins actif. Le grand problème des pessimistes n'est pas tant leur vision des choses — ils n'ont pas forcément tort — que les conclusions qu'ils en tirent. Ils se focalisent plutôt sur les problèmes, là où les optimistes se concentrent sur la solution. Le problème est que se focaliser sur les difficultés pousse les pessimistes à se démobiliser, alors que la plupart des optimistes vont être actifs, espérant que leur comportement engendrera une issue favorable.

Mais, parfois, il n'y a pas de solutions ! N'est-il pas irréaliste par exemple de penser qu'une action individuelle puisse changer le problème du réchauffement climatique ? Le monde nous confronte aujourd'hui à certaines difficultés devant lesquelles l'individu est totalement désarmé.

Je n'en suis pas sûr. Je crois beaucoup aux cercles vertueux. À partir du moment où les gens modifient un tout petit peu leur comportement — en ne jetant plus de papiers dans la rue, en mettant des plantes sur leur balcon, en recyclant leurs ordures, en devenant végétariens, etc. — ils élèvent un petit peu leur niveau de vigilance, et cela les rapproche de la possibilité d'une deuxième étape, qui peut être de participer à une manifestation par exemple, ce qui les rapprochera un peu plus d'une troisième étape, comme le militantisme, puis d'une quatrième, où leur engagement sera plus important encore, etc. Tout montre dans les études de psychologie que chaque petit comportement a une influence sur le comportement suivant, qui sera un peu plus engagé. Les évolutions se font rarement de façon linéaire.

Êtes-vous un optimiste ?

Je suis né dans une famille de pessimistes et de dépressifs qui voyaient l'avenir en noir. J'ai grandi là-dedans et suis arrivé à l'âge adulte plutôt sombre et pessimiste. En revanche, j'ai rapidement compris que c'était inadapté : trop de souffrance et pas assez d'action. J'ai donc fait des efforts importants pour ne plus me laisser aller à ces tendances. Je suis un optimiste par raison et par effort !

Par effort ?

Oui, et ça marche. Il y a plein de choses qui nécessitent des efforts. Des choses importantes, dont l'optimisme par exemple.

Le bonheur est-il un luxe de riche ?

Bonne question ! N'est-ce pas de ma part une forme d'égoïsme que de chercher à être heureux, moi, petit Parisien, en 2014, alors qu'il y a tant de gens qui souffrent dans ce monde ?

Premier point : si je m'empêche d'être heureux, est-ce que cela va rendre le paysan du Bangladesh plus heureux ? Est-ce que cela va empêcher les enfants en Afrique de mourir de faim ? Certainement pas. Cet argument est important : ce n'est pas en s'empêchant d'être heureux que l'on va diminuer le malheur des autres.

Deuxième point : toutes les études dont on dispose montrent que plus on est malheureux, plus on est autocentré. À l'inverse, plus on est heureux, plus on a de l'énergie et plus on est capable de comportements altruistes. Ce n'est donc pas un crime de vouloir aller bien, et c'est même probablement une bonne chose pour ceux qui vont mal. On le voit chez les soignants : un médecin qui va bien dans sa tête sera beaucoup plus à même d'aider les autres qu'un docteur qui serait en permanence dans l'anxiété et la dépression.

En fait, la question n'est pas tant de savoir si le bonheur est égoïste que de se demander si être heureux suffit à donner du sens à une vie humaine. Je m'explique : je suis profondément convaincu que les deux devoirs de tout être humain sont primo d'être heureux et secundo d'être généreux. Le bonheur représente donc la moitié du boulot seulement. C'est comme la richesse : elle nous donne des devoirs, de redistribution notamment. Le bonheur aussi nous donne des devoirs, et en premier lieu celui d'être généreux. Le bonheur et la générosité sont parfaitement complémentaires ; d'ailleurs, ils sont interconnectés. Des études démontrent que quelqu'un d'heureux a tendance à être plus généreux, et qu'en étant généreux on augmente notre bonheur. Il est nécessaire que nos sociétés continuent à considérer le bonheur comme quelque chose d'important, mais aussi qu'elles envisagent que le don, la générosité, l'altruisme sont plus importants encore. Même les économistes y viennent !

Peut-on s'entraîner à l'espoir ?

Oui ! En thérapie cognitive on apprend par exemple aux gens à faire la différence entre leurs pensées automatiques — en général négatives — et la réalité. Vous êtes dans votre taxi pour aller à l'aéroport et il y a des bouchons, votre réflexe est de vous dire que vous allez rater l'avion. Mais vous n'êtes pas encore à l'aéroport, alors pourriez-vous avoir d'autres pensées ? Même si vous n'y croyez pas, faites l'effort de vous demander si la réalité pourrait être différente : le pilote est peut-être aussi dans les bouchons, l'avion lui-même peut avoir du retard, etc. Considérez votre débat intérieur comme un dialogue démocratique et écoutez chacun des partis, l'optimiste comme le pessimiste. Deuxième point : ayez l'honnêteté de toujours vérifier vos suppositions. Le grand problème des pessimistes, c'est qu'ils passent leurs journées à faire des suppositions négatives, dont beaucoup ne se réalisent pas, mais qu'ils oublient ; ils ne mémorisent que celles qui confirment leur pessimisme. Ainsi, il suffit que de temps en temps leurs croyances se confirment pour que le système soit validé. L'honnêteté serait donc de tenir un journal où l'on noterait chaque supposition, puis si oui ou non elle s'est réalisée. Les leçons de ce type de journal sont limpides...

Ensuite, il y a ce qu'on appelle des épreuves de réalité, où en plus de constater que toutes les suppositions négatives ne se réalisent pas, on s'aperçoit que même si certaines se réalisent, ce n'est pas si grave.

Le bonheur dépend donc de nous-mêmes et non des conditions extérieures ?

J'ai coutume de dire qu'au fond il y a trois niveaux de bonheur. Le premier, on pourrait l'appeler le « bonheur facile ». C'est quand la vie est belle pour moi : il fait soleil, les gens m'aiment, ce que je fais est couronné de succès, je n'ai pas de contrariétés... On a tous des périodes comme ça ! Dans ces moments-là, effectivement, le bonheur est très facilité par les circonstances environnementales.

Après il y a un deuxième niveau de bonheur qui est le « bonheur ordinaire ». Dans une journée, j'ai quelques petits pépins et il m'arrive de bonnes choses. Ce « bonheur ordinaire » nécessite un peu d'effort psychologique pour ne pas laisser son attention se focaliser sur les petits pépins. Notre évolution animale a été marquée par la nécessité de la survie, aussi notre cerveau repère plus facilement les problèmes — et y reste plus attaché — qu'il ne repère les bonnes choses. Le travail de rééquilibrage à faire est plus grand pour être heureux dans ces journées ordinaires où l'on rencontre à parts égales la petite adversité et les bons moments.

Le troisième niveau de bonheur, celui qui nous demande beaucoup d'effort parce que plus rien ne nous est donné par l'environnement, c'est le « bonheur dans l'adversité ». J'ai plein de pépins, je suis abandonné, je vis dans un pays en guerre, etc. L'effort consiste ici à se réjouir d'être vivant tant qu'on l'est, tant que c'est possible, à se réjouir de pouvoir agir et à faire de son mieux pour ne pas se laisser aspirer par le désespoir, pour savourer chaque petite miette qui reste, car ce sont elles qui vont nous permettre de survivre. Le bonheur est notre outil principal de survie, notre nourriture. Sans lui, on est cuit. Si l'on n'a pas la possibilité de ressentir régulièrement des petits instants de bonheur, on ne voit plus la vie que comme une succession de souffrances à l'issue desquelles on meurt. C'est comme ça que les déprimés voient la vie : ils ne délirent pas, mais ne voient que les problèmes et ne distinguent plus les moments de pause, de plaisir. Or, ces petits fragments existent toujours, et donnent une force considérable, même si l'instant d'après l'adversité est de nouveau là. Plus l'adversité est grande, plus les bribes de bonheur, même minuscules, vont devenir décisives. Parvenir à les voir et à garder son attention et sa conscience sur ces instants semble être un puissant outil de survie.

Guy Corneau

La maladie, cette aventure intérieure

Preuve vivante que la guérison est possible, Guy Corneau nous montre comment faire face à la crise, favoriser l'émergence d'une créativité profonde et d'une joie inconditionnelle.

Guy Corneau porte tout d'abord son intérêt vers le théâtre avant de se former à la psychanalyse, notamment à l'Institut C.G. Jung de Zurich. Il devient conférencier et animateur de séminaires sur la scène internationale, fonde en 1997 l'association Productions Cœur.com et écrit de nombreux ouvrages qui deviendront des best-sellers : *Père manquant fils manqué* ; *la Guérison du cœur* ; *Victime des autres, bourreau de soi-même*... Alors qu'il est déjà bien connu du grand public, il apprend en 2007 qu'il est atteint d'un cancer de stade 4, et qu'il est donc potentiellement en phase terminale. Bénéficiant de différents traitements médicaux, à la fois conventionnels et holistiques, Guy Corneau va trouver des ressources qui lui permettront de traverser la maladie. Témoin légitime qu'une guérison est possible, l'auteur québécois partage cette aventure dans son dernier ouvrage, *Revivre,* aux éditions de l'Homme/Versilio. Il partage avec nous des clés pour faire face à la crise et favoriser l'émergence d'une créativité profonde et d'une joie inconditionnelle.

Comment faire face à nos crises ?

Le problème de toutes les crises, c'est qu'elles produisent un rétrécissement de l'espace mental. Lors d'une maladie, d'une détresse amoureuse ou de toute autre épreuve importante, notre conception de nous-mêmes tend à se réduire à ce qui nous arrive. Nous avons l'impression de n'être plus que ça. Nous devenons la crise. Nous oublions ce que nous aimons, ce qui nous donne le goût de vivre. Pourtant, il y a toujours des choses qui nous tiennent à cœur, qui ne font pas partie de la crise. Quand j'avais le cancer, j'oubliais que j'aimais encore la musique, le théâtre, que j'avais des amis. Le piège de la crise, c'est donc le repli, c'est d'être pris dedans et de devenir obsédé par les difficultés. Nous nous retrouvons submergés et il n'y a plus qu'une sensation d'impasse. Ainsi, au cœur de toute difficulté, l'important est de maintenir un contact avec des choses qui nous font du bien et qui permettent des ouvertures.

Y aurait-il une force hypnotique du malheur ?

Oui, nous pourrions parler d'un effet de sidération. Dans la tradition grecque, c'est le moment où Persée va confronter Méduse, cette divinité avec des serpents plein la tête. Les serpents terrifiants représentent en fait nos pensées menaçantes qui vont dans tous les sens. Face à cela il est difficile de trouver de l'espoir. Persée va alors employer un stratagème intéressant. Parce que la sidération par la méduse ne se produit que si nous la regardons en face, il va polir le fer de sa lance de manière qu'elle devienne comme un miroir. Ainsi, plutôt que d'aborder directement Méduse, d'être sidéré et changé en statue, il ne va voir que le reflet de celle-ci dans sa lance pour échapper à son emprise et l'abattre. Donc au fond, il se sert du pouvoir de la réflexion, qui va lui permettre un recul nécessaire afin de ne pas être hypnotisé par le malheur.

Pourtant, on dit souvent qu'il faut regarder les choses en face pour les traverser.

Il faut regarder la crise, mais en prenant de la distance afin de ne pas être sidéré. Persée ne fuit pas l'épreuve — il va même vaincre Méduse —, mais il ne lui permet pas d'exercer son pouvoir sur lui. Si nous regardons la crise trop en face, nous oublions qu'il y a plein d'autres choses dans notre vie, qui sont par ailleurs des ressources pour nous. Prendre du recul et voir qu'il n'y a pas que la difficulté ne veut pas dire fuir l'adversité, absolument pas. Cela permet de trouver des ressources, tant intérieures qu'extérieures, pour mieux rencontrer la difficulté sans se perdre en elle. Par exemple, il est important de pouvoir parler de nos épreuves, de trouver du soutien dans notre environnement, et peu importe la forme. Cela va nous permettre de défusionner d'avec la crise et de l'objectiver. L'étude de la résilience montre que rencontrer une oreille attentive est un facteur commun à tous les enfants qui ont vécu des difficultés importantes et qui s'en sont bien sortis. Cela a permis que toute leur identité ne s'engouffre pas dans la douleur. Jung encourageait ses patients à dessiner leurs rêves, à faire des jeux dans le sable ou toutes sortes de techniques objectivantes. Je conseille souvent à un patient déprimé de dessiner sa dépression. Et s'il me dit « Je ne vois rien, juste un grand trou noir », je lui propose de faire une représentation de ce trou noir. Une fois le dessin au mur, nous pouvons regarder ce reflet sans que ce patient soit englouti par son état. Le simple fait de mettre une difficulté à l'extérieur de soi — sous quelque forme que ce soit — nous permet d'entrer en dialogue avec elle et d'éviter deux postures habituelles face à la crise : la fuite et la pensée magique que les choses vont se régler toutes seules. Les choses ne se régleront pas toutes seules. Il va falloir que nous nous en mêlions. Et pour nous en mêler, il faut que nous puissions gagner un peu de distance par rapport à ce qui se passe. Ainsi, lorsque notre crise devient un objet de contemplation et de méditation, nous pouvons commencer à la transformer. Nous sommes bien plus que nos épreuves.

Vous avez été touché par un cancer de stade 4. Comment avez-vous traversé cette épreuve ?

Au début, j'étais assez combatif, surtout que j'avais déjà été très malade dans ma vie, donc je savais que je pouvais m'en sortir. À un moment donné pourtant, avec la fatigue des traitements, j'ai perdu espoir. Je suis tombé dans une grande dépression. Je ne voulais plus vivre du tout. Je me disais : « Ça fait trente ans que je vis avec des maladies graves, chroniques, il y a toujours des épreuves. Je suis fatigué. Mon corps n'arrête pas de produire de la maladie. Je ne m'en sortirai pas. Je vais partir, changer de véhicule. » Là, un de mes amis, Pierre Lessard, m'a tendu une perche. Il m'a invité à un petit séminaire de guérison entre amis à la campagne. Nous avons travaillé pour sortir de la submersion, chacun pour soi. Une porte que j'ai alors ouverte a été de créer une réalité imaginaire très agréable. J'ai créé un champ de marguerites géantes avec des cieux fuchsia, dorés. Je me suis aussi vu dans des blés mûrs baignés de soleil. J'ai vraiment élaboré et visualisé cet espace en moi et je me suis laissé ressentir ce que cela faisait dans tout mon corps. C'était fantastique. Par la suite, je m'en suis servi comme d'un lieu de refuge au travers de ma crise vers la guérison. J'ai appris à utiliser cette réalité imaginaire, que j'ai renforcée à chaque fois, pour trouver des moments de répit en dehors de ma crise. En 40-45 minutes, j'arrivais à vraiment modifier mon état intérieur. Je passais d'un état de submersion à un état de bien-être. J'avais donc un outil pour me sortir de la noyade.

La visualisation a donc été un outil important dans votre guérison…

Oui, car j'ai continué en faisant un pas de plus. J'ai entrepris un véritable dialogue avec les cellules et les organes en difficulté dans mon corps. J'utilisais toujours le même protocole.

Je commençais tout d'abord par écouter ce que chacun de mes organes avait à dire. Je me laissais donc sentir ces différentes parties et je les imaginais en train de me raconter des choses. C'était très intéressant et surprenant de voir ce qui survenait. Ensuite, je répondais en disant que j'étais prêt à des changements, et que donc le mandat de la douleur, du malaise, du cancer était terminé. J'entends par là que l'utilité de la crise était de me rappeler à l'ordre, de me ramener à moi-même, de me faire comprendre les divisions dans lesquelles je m'étais enfoncé de façon inconsciente. Du coup, il n'était plus nécessaire que la pathologie garde cette puissance sur ma santé puisque j'étais à l'écoute. Ensuite, j'entrevoyais, toujours par l'imagination créatrice, une lumière, une chaleur, une danse dans les organes. C'était une manière de réveiller une joie profonde pour amplifier, accélérer, soutenir la capacité de régénération naturelle de mon corps. Une guérison n'est pas quelque chose de magique. Il s'agit ici de faciliter, de favoriser par un processus conscient ce qui se passe déjà en nous.

Comment favoriser l'espérance lorsque nous sommes sidérés par la difficulté et qu'il n'y a pas forcément de support extérieur ?

Il ne faut pas oublier que, même lorsque nous sommes submergés, il y a toujours une partie de notre esprit qui est un observateur bienveillant de ce qui se passe, et cette partie va réagir instantanément à tout stimulus aidant. Tout ce qui se passe dans notre vie peut contribuer à l'espérance. Cela peut être une parole que nous entendons dans un restaurant, quelque chose que nous lisons dans le métro par accident, le sourire de quelqu'un. Quelque chose va alors s'allumer en nous, ne serait-ce que quelques instants : à nous de saisir ces moments. Après, il y a des espaces thérapeutiques qui sont destinés à favoriser la guérison. Si vous allez dans un séminaire comme ceux que je fais, vous aurez un peu plus d'appui pour trouver quelque chose qui vous permette de respirer en dehors de la crise. Ce qui est sûr, c'est qu'à un moment il y a un pas à faire. Comme le dit le dicton, aide-toi et le ciel t'aidera. Si je me mets en marche vers une création de moi-même, je vais avoir des aides. Si j'accepte d'entrer humblement dans le travail d'une vie — comme le dit Thierry Janssen —, je trouverai des ressources intérieures et extérieures. Et un discernement va s'installer.

Nous pouvons donc cultiver l'espérance.

Oui, mais il faut aussi voir que chercher l'espoir ou l'espérance est un couteau à double tranchant. Cela peut être une béquille encombrante. Si je viens de tomber, une main tendue et une béquille sont absolument nécessaires pour me remettre d'aplomb, mais l'idée reste de marcher sans béquille. Un poète grec disait : « Je vis sans espoir, je suis libre. » L'espoir nous enchaîne aussi à l'attente, et la plupart des gens vivent justement dans l'espoir afin de supporter ce qui est là et qu'ils ne regardent pas. Ils attendent que ça passe. Ils s'accrochent à un petit espoir, et à un autre petit espoir, et à un grand espoir… C'est important, parce que cela leur permet de survivre. En réalité cependant, tant que nous entretenons de l'espoir nous risquons de rester aussi dans une mentalité assez enfantine. Nous retrouvons ici le piège de la pensée magique : quelque chose doit se produire sans que nous ayons quoi que ce soit à faire. Christiane Singer nous disait d'arrêter de chipoter dans nos assiettes et d'accepter ce que la vie nous présente, de nous dire : « Bon, c'est comme ça, je vais vivre avec, et à travers ça je peux trouver ma joie. » La réalité, c'est que l'état dans lequel nous sommes, c'est l'état dans lequel nous sommes. Et si nous ne sommes pas contents de cet état-là, il faut le changer. En toile de fond se profile la notion d'idéal. C'est important d'avoir l'espoir d'un monde meilleur, surtout en pleine crise. Toutefois, notre idéal n'est qu'un éclairage, il n'est pas la réalité, pas encore du moins. Le risque sera alors de mesurer notre propre valeur à l'échelle de ce qui a été réalisé ou non dans notre vie en rapport à notre idéal. Mais notre valeur ne se mesure pas en fonction de ce que nous avons fait ou pas en réponse à la façon dont les choses devraient être. En fait, intérieurement, nous pouvons déjà vivre dans un monde meilleur, et favoriser réalistement la venue de ce dernier avec de la conviction et un espoir modéré.

Est-ce qu'il y aurait une qualité équivalente à l'espoir mais qui ne serait pas temporelle ? Quelque chose qui pourrait se cultiver ici et maintenant, sans illusions ?

Effectivement, l'espoir nous met dans une dimension temporelle, alors que la solution, à mon sens en tout cas, c'est de sortir du spatio-temporel et de rentrer dans des états de joie intemporels. Peut-être est-ce là qu'apparaît l'espérance. De telles sensations se vivent dans l'instant présent. Elles peuvent aller jusqu'à permettre des petites extases qui nous délivrent de l'espoir. Et j'aimerais préciser que la joie chez les êtres humains est souvent associée à l'exercice de la créativité. Dans mes ateliers, je demande souvent aux gens : « Quels sont vos talents, vos qualités, votre élan profond, ce qui réveille de la joie en vous ? » Parce que l'expression créatrice va permettre à une personne de retrouver la joie qu'elle porte déjà en elle. Cette joie, déposée en chacun de nous, fait partie de la nature profonde de notre être. C'est une jubilation devant le fait d'être en vie, et peu importe ce qui se passe. Dans ma propre traversée de la maladie, à force d'employer tous ces outils de visualisation créatrice — en plus de la chimiothérapie, mais aussi de l'acupuncture, de l'homéopathie, du travail énergétique, de la méditation… —, j'ai dégagé un espace de joie extrêmement pur. Là, je suis à nouveau entré dans une union avec l'univers qui m'entourait : la nature, l'humanité autre que moi-même. Dans cet état vibratoire élevé, j'étais indifférent au fait de mourir ou pas. J'étais dans la vie même et je comprenais fort bien que la vie de ce corps physique pouvait s'arrêter. Alors, quoi qu'il arrive, j'avais de toute façon guéri quelque chose en moi. Au fond, c'est comme cela que nous pouvons réellement changer le monde, en cultivant cette joie en nous dans l'instant présent.

C'est comme un paradoxe qui nous demande de contacter l'espoir pour orienter nos actions et en même temps d'apprendre à rencontrer le présent tel qu'il est pour peut-être y trouver l'espérance.

Je ne suis pas plus bouddhiste que ça, mais cette philosophie manie très bien ce genre de paradoxe. Les bouddhistes parlent de l'atteinte de la simple évidence. Le monde est, et il y a une joie profonde dans le simple fait d'exister. Chaque fois que nous touchons à cet espace-là, tout devient relatif, notre vie même devient relative, mais il est vrai aussi que, chaque jour, il nous faut consentir personnellement à des efforts pour sortir de la distraction afin de nous rappeler cet état, qui est pourtant toujours là. Les bouddhistes disent : « Ça demande un effort d'aller vers le non-effort. » C'est complètement paradoxal, mais c'est vrai. Cela demande un effort vers l'éveil, même si on est déjà éveillé. Le bouddha enseigne que tous les êtres sont éveillés. Il y en a qui le savent et d'autres qui ne le savent pas, parce qu'ils sont distraits. Nous pouvons choisir d'être heureux indépendamment des événements qui se produisent dans notre vie. La vie est très fertile en écueils de toutes sortes, en épreuves, en obstacles. Nous pouvons, en élèves studieux, chercher du sens à ces obstacles — ils en ont tous — et les travailler un par un, mais il y a une partie profonde en nous qui peut résoudre tout cela autrement. Au bout du compte, quelles que soient les épreuves, nous allons tous arriver au même endroit : une ouverture du cœur, une retrouvaille avec l'unité fondamentales des choses, une sensation intense d'exister et une joie profonde. Nous pouvons, en plus de balayer devant notre porte et regarder le sens de nos épreuves, cultiver ces états directement.

Vous avez parlé de ce côté enfantin qui pense qu'une fée va venir agiter sa baguette et que tout sera réglé. N'y a-t-il pas tout de même une étincelle de magie dans la vie ? De l'aléatoire, de l'inattendu ?

D'une certaine manière, la vie n'est que magie. Elle ne fonctionne que sur un principe de résonance et de synchronicité, qui reflète l'état dans lequel nous voyageons. Il y a des zones extrêmement lumineuses en nous, et quand la vie les fait rayonner, nous pensons que c'est magique. Nous allons vivre des moments merveilleux, expérimenter des synchronicités incroyables et y voir une dimension extraordinaire de la vie. Mais les éléments malheureux sont tout aussi magiques. Ils nous invitent à trouver des solutions créatives, à nous poser des questions afin de comprendre le sens de notre existence. Devant le cancer, je me demandais : « Pourquoi ai-je eu besoin de cette maladie ? » Et j'ai vu que le cancer peut permettre de sortir de la tristesse, de la dépression. La pensée magique, pour moi, c'est une façon de voguer au-dessus de tout ça sans vouloir recevoir l'impact proposé par la crise.

Donc, au-delà de toute crise, la joie est toujours là...

Oui. Ce n'est pas vrai que nous allons un jour vivre sans rencontrer de difficultés, sans être submergés ou même sidérés. Des événements se produisent, des obstacles se présentent sur notre chemin. La vie est faite ainsi. Nous allons donc être encore et encore hypnotisés par nos difficultés, et dans ce mouvement viendra la prise de conscience, constamment renouvelée, que c'est le désamour de nous-mêmes et de la vie qui nous est ainsi signifié. Alors, si nous osons quelque chose afin de faciliter la régénération en nous, si nous tentons une re-création consciente de nous-mêmes, il se passera quelque chose qui a des chances d'aller dans le bon sens. Au final, il ne faut pas oublier que nos drames ne sont pas si importants que nous le pensons. Ils ne sont pas si graves. L'important est de trouver un jeu avec la vie qui nous permette de respirer, de vivre moins dans l'attente et d'expérimenter la joie présente. Un sourire devient alors possible, même pendant les épreuves.

Laurent Gounelle

Je crois à un éveil des consciences

Ses livres explorent la question du bonheur, du rapport au monde, du sens de l'existence. Quel regard l'auteur de L'homme qui voulait être heureux *porte-t-il sur la crise actuelle ? Sur quelles bases reste-t-il confiant dans l'avenir ?*

Il ne paie pas de mine, Laurent Gounelle. L'allure échassière, le regard doux, le verbe franc et l'écoute attentive, l'écrivain reçoit dans un café de la petite ville de région parisienne où il réside. S'il a entamé sa vie professionnelle comme cadre en entreprise avant de devenir consultant en relations humaines (métier qu'il a exercé pendant une quinzaine d'années), il a écrit depuis sept ans des romans qui enthousiasment des millions de lecteurs. Paru en 2008, numéro un des ventes en France, *L'homme qui voulait être heureux* a été traduit en trente-quatre langues. Deux ans plus tard, *Les dieux voyagent toujours incognito* suit le même chemin. En 2012, *Le philosophe qui n'était pas sage* touche aussi le public. Son dernier livre, *Le jour où j'ai appris à vivre,* paru en octobre 2014, explore les thèmes qui lui sont chers : le bonheur, le rapport au monde, le sens de l'existence... D'où l'ancien cadre en entreprise tire-t-il sa connaissance de la nature humaine ? D'où vient sa science du bonheur ? Comment garder le cap quand tout s'écroule autour de nous ? Simples, philosophes, optimistes, ses romans font du bien, ouvrent des horizons. Naïf, Laurent Gounelle ? Méfiez-vous de l'eau qui dort.

Pourquoi la quête du bonheur est-elle tant au cœur de vos ouvrages ?

Dans la famille d'origine protestante dont je suis issu, on ne rigolait pas tous les jours. J'étais un petit garçon réservé. Lorsque ma mère m'a mis à la maternelle, j'ai tellement pleuré qu'elle a dû m'en retirer. Je n'ai donc fait mon entrée à l'école qu'à l'âge de six ans. Moi qui, jusque-là, n'avais été entouré que d'adultes, je me suis retrouvé au milieu d'enfants qui, eux, avaient l'habitude d'être en eux ! Je me sentais différent. Je me suis réfugié dans un monde où il n'y avait que la maîtresse et moi ; les autres écoliers n'existaient pas. Je n'en étais pas malheureux, mais j'étais seul. À l'entrée en sixième, j'ai commencé à souffrir vraiment de ma solitude. J'ai pris conscience de ma peur des autres, de ma difficulté à lancer et à gérer la relation. En grandissant, la situation s'est un peu améliorée, mais je suis resté timide, mal à l'aise. Impossible d'aller voir un thérapeute : dans la famille, le psy c'était pour les fous ! Pour apprivoiser ma souffrance, j'ai pris des cours d'improvisation théâtrale. La bienveillance de mon professeur m'a permis de reprendre petit à petit confiance en moi.

Ces premières démarches ont-elles suffi ?

La désespérance m'a rattrapé à l'âge de 23 ans. Mon introversion m'avait poussé vers des études économiques, qui m'appelaient à me retrouver seul avec des dossiers. Une fois embauché dans une grande entreprise, j'ai dû affronter la réalité : je n'étais pas fait pour passer ma journée à analyser des chiffres. Ce choc a fait émerger en moi, pour la première fois, la question du sens. Jusque-là, j'avais suivi le rêve parental : « Fais de bonnes études, trouve un bon métier [c'est-à-dire reconnu socialement], et tu seras heureux. » J'ai changé d'employeur, mais cela n'a rien changé puisque le problème était en moi. J'ai fait une énorme dépression. À 26 ans, je me suis retrouvé à me demander : « Qu'est-ce que je vais faire de ma vie ? » J'étais vraiment au fond du trou. C'est à ce moment-là que je me suis intéressé au développement personnel et à la psycho.

Ce fut une révélation : j'ai découvert des choses sur mon fonctionnement, sur celui des autres, qui me faisaient alors encore très peur. Je me suis lancé corps et âme dans cette direction, enchaînant les formations, d'abord en Europe, puis aux États-Unis auprès des plus grands spécialistes. Après les formations, j'ai multiplié les voyages initiatiques et les rencontres avec des sages, en Asie et en Amérique.

Un jour, j'ai décidé de faire de ma passion un métier : je me suis formé pour devenir consultant. Et là, comme j'étais enfin en accord avec mes goûts et mes valeurs, j'ai pu me réaliser et m'épanouir professionnellement.

Se jeter à l'eau et affronter ses peurs, est-ce un passage obligé ?

Nous sommes tous différents. Pour ma part, j'étais suffisamment phobique pour entrer dans le moule et ne pas faire de vagues, afin qu'on me laisse tranquille, mais aussi assez contre-phobique pour vouloir dompter mes peurs, et même en tirer un certain plaisir. D'une façon générale, je pense qu'il est utile de se frotter à la réalité pour confronter ses peurs, et comprendre alors qu'elles sont la plupart du temps une création de notre esprit.

Aujourd'hui, beaucoup de gens ne s'épanouissent pas professionnellement, mais ne prennent pas le risque de changer, à cause du chômage…

Je comprends aisément que, quand on a des enfants, un loyer, des emprunts, la prise de risque pose problème.

Certains n'aiment pas leur travail, mais parviennent à patienter jusqu'aux week-ends et aux vacances. Pour moi, c'était inconcevable. Pendant toute la première partie de ma vie, je me suis plié à des exigences parentales très fortes. Devenu adulte, je n'ai plus jamais pu accepter de faire des choses que je n'aimais pas.

Quand on a une famille à charge, il est bien sûr préférable de prendre des risques soigneusement calculés. Cela étant dit, je suis convaincu que, quand on écoute sa voix intérieure et que l'on va dans le sens de ses aspirations profondes, on a accès à des ressources, des capacités parfois insoupçonnées et qui suffisent parfois à assurer notre employabilité. À l'inverse, quand on se force à exercer un métier qui n'est pas fait pour nous, je ne vois pas comment la situation peut être pérenne...

Trouver son bonheur dans toutes les situations n'est-il pas un acte spirituel ?

Dans mon dernier livre, je cite cette phrase, parfois imputée à Marc-Aurèle ou à François d'Assise : « Mon Dieu, donne-moi le courage de changer les choses que je peux changer, la sérénité d'accepter celles que je ne peux pas changer, et la sagesse de distinguer entre les deux. » L'acceptation, notamment de certaines de nos limites, nous permet de libérer notre créativité, aussi étonnant que cela puisse paraître. Néanmoins, je ne suis pas pour l'acceptation à tout prix. L'important, à mon sens, est de mettre en cohérence ses actes, ses valeurs et ses aspirations profondes. Le hic, aujourd'hui, c'est que la société a tendance à penser à notre place, à nous imposer un modèle et à nous inculquer des désirs qui ne sont pas fondamentalement les nôtres. Ne pas nous laisser embarquer dans des comportements contraires à nos valeurs n'est pas seulement une question d'éthique personnelle : c'est une question de santé. La dépression et la maladie naissent souvent de là.

Comment concilier l'idéal que vous présentez avec la réalité dans laquelle nous vivons au quotidien ?

À mon sens, l'important est d'avoir conscience de nos choix, quels qu'ils soient. On peut faire celui de quitter son job quitte à se mettre en danger, ou celui de la sécurité. Dans un cas comme dans l'autre, il faut savoir clairement ce que l'on fait, pourquoi, et être en accord avec soi-même. Cela permet de donner un sens à ce que l'on vit et d'assumer la situation, sans la subir. Cette attitude a le pouvoir subtil de transcender le ressenti. Dans ma jeunesse, je me suis parfois enfermé dans des scénarios de victime, comme beaucoup, mais j'ai fini par comprendre que s'y enliser condamne au malheur et qu'il existe des alternatives. C'est une question de conscience et de flexibilité mentale, comportementale, face aux événements. Il faut étoffer notre gamme de réactions possibles. Une étude a montré que les gens qui avaient réussi à survivre dans les camps de concentration étaient ceux qui s'étaient mis en situation de choix. Pourtant, du choix, ils ne semblaient guère en avoir ! Eh bien, certains sont parvenus à rester un peu maîtres de leur vie. Par exemple, s'ils avaient un bout de pain pour la journée, ils décidaient s'ils le mangeaient tout de suite ou s'ils en gardaient pour plus tard. Ces choix infimes les aidaient à ressentir un espace de liberté. À mon sens, la liberté est essentielle à notre nature humaine.

Le monde va mal. Comment ne pas se sentir atteint par tout ce qui cloche autour de soi ?

Personnellement, je suis du genre à être beaucoup touché par ce qui va mal dans le monde, mais je n'ai pas pour autant envie de me mettre la tête dans le sable et de me dire que tout va bien. Alors j'essaie de trouver un juste milieu entre mon besoin d'information et ma protection. Par exemple, je vis depuis vingt-cinq ans sans télévision, ses images étant trop partielles, trop émotionnelles, trop déprimantes. Pour m'informer, je lis la presse et j'écoute aussi un peu la radio. Les mots et les sons sont moins influents que les images, et permettent de conserver sa capacité d'analyse et son libre arbitre.

L'émotion forte ne peut-elle pas être un vecteur de changement ? Vous-même avez commencé à écrire l'année de la mort de votre père, de la naissance de votre premier enfant et du décès de votre meilleur ami…

Je vois une différence entre accepter d'être touché, voire blessé, par une réalité et être bombardé d'un flot d'informations négatives. Lorsque l'ouragan Katrina s'est abattu sur la Louisiane, d'angoissantes images de pillage ont circulé à la télévision ; or ce n'était pas du pillage, juste des gens qui allaient se servir dans les magasins pour éviter de mourir de faim. Sur le terrain, l'entraide a largement prévalu, mais les médias ne l'ont pas montrée. Si vous restez passif devant votre télévision, vous allez finir par croire que l'homme est un loup pour l'homme, alors que ce n'est pas la vérité.

La planète n'est tout de même pas en grande forme !

Malgré toutes les choses abominables que nous montrent les médias, les guerres et les violences sont moins nombreuses qu'il y a un siècle. Je crois en l'évolution positive de l'homme, je crois à un éveil des consciences. Sur ce point, je suis résolument optimiste. En revanche, nous sommes en train de détruire la planète parce que nous nous imaginons extérieurs à la biosphère et indépendants de celle-ci. Nous en consommons les ressources comme si elles étaient illimitées. La terre ne survivra pas à l'expansion de la société de consommation à 7 milliards d'habitants. Il est indispensable de s'interroger tous ensemble sur nos modes de vie et la façon de les faire évoluer. Sur ce point, je partage totalement la vision de sobriété heureuse prônée par Pierre Rabhi.

On sent parfois un paradoxe entre une recherche de bonheur autocentrée, dans une sorte de bulle protégée de la réalité, et l'urgence de comprendre l'impact sociétal de nos actes…

Le bonheur, pour moi, ce n'est pas s'occuper de sa petite personne ni maximiser son plaisir, mais au contraire faire évoluer sa conscience jusqu'à un niveau où l'on est moins tourné vers soi. J'ai coutume de dire que ce qui est bon pour mon ego est mauvais pour moi ! Nous faisons partie d'un tout, nous sommes reliés les uns aux autres. Cette compréhension spirituelle est le fruit d'un chemin. Pour l'atteindre, il faut d'abord « nettoyer » le psychologique, c'est-à-dire apprendre à résoudre ses problèmes, à s'aimer soi-même, à développer sa confiance en soi et dans les autres, à mieux les comprendre et communiquer. Alors, non seulement nous sommes plus heureux, mais nous développons la sensation que quelque chose dépasse notre ego, que nous sommes reliés les uns aux autres, et nous percevons la dimension spirituelle de la vie, dont nous voulons alors protéger toutes les formes. En arriver là est une évolution naturelle mais progressive, et il est important de ne brûler aucune étape.

Quel serait le risque d'une démarche spirituelle trop précoce ?

Celui de se perdre. De mon point de vue, si vous allez voir un maître spirituel en traînant derrière vous un tas de problèmes psychologiques, vous vous sentirez peut-être connecté à l'univers, mais vous traînerez toujours vos casseroles. Vous serez bloqué dans votre évolution, vous ne pourrez jamais vous réaliser pleinement.

Vos problèmes personnels se situaient surtout au niveau relationnel. En dehors des cours de théâtre, avez-vous trouvé une recette pour les résoudre ?

Il y a une vingtaine d'années, lorsque je recherchais des solutions pour aller mieux, avant d'être épaulé par un thérapeute, j'ai trouvé des outils très utiles du côté de la psychologie cognitive et de la PNL. À l'époque, j'étais heureux de pouvoir m'appuyer sur des techniques, par exemple de communication, qui m'apportaient des conseils factuels. Mais l'application d'une technique de communication finit par poser le problème de l'authenticité : qui suis-je vraiment si j'applique une méthode lorsque je suis face à quelqu'un ? J'ai fini par comprendre que ces techniques pouvaient être transcendées par une attitude qui peut paraître toute bête, mais qui est extrêmement puissante : si vous aimez sincèrement les gens, tout se passe bien ; si vous êtes bien intentionné, votre interlocuteur le sera aussi. La vraie question est : comment parvenir à aimer les gens quand certains ont des comportements pénibles ou contraires à vos valeurs ? Personnellement, j'y suis arrivé par la conviction qu'au fond de chaque personne se trouve une belle âme (parfois bien enfouie !). Quand vous mettez toute votre attention sur la recherche de cette bonté, elle finit par émerger. Toujours.

D'où vient cette prise de conscience ?

Sans doute est-elle le fruit d'un cheminement. À une certaine époque, je me suis mis à fréquenter des sages, des chamanes. Au début, j'étais un peu frustré, car ils ne m'enseignaient aucune technique, mais petit à petit, j'ai ressenti que leur apport était tout autre, qu'il se situait au niveau du savoir-être. Que le simple fait de les rencontrer, de leur parler, d'être avec eux, me nourrissait. La conscience de ces gens est tellement éveillée qu'ils incarnent un modèle, font miroir à notre propre façon d'être et ouvrent un chemin. Bien sûr, il ne s'agit pas de les singer, car nous sommes tous différents, mais de percevoir ce qu'est la sagesse et comment avancer vers elle. À partir de ce moment, j'ai cessé de suivre des formations.

L'un des maux de notre société n'est-il pas l'absence de tels modèles ?

Notre société occidentale met très rarement en avant des individus qui rayonnent de sagesse. Dans certains pays d'Afrique et d'Asie, on accorde de l'importance aux anciens du village, leur expérience est écoutée et valorisée. Aujourd'hui, nos vieux, nous les cachons ou les poussons à masquer les signes du temps. Prendre de l'âge est devenu honteux, nous faisons tout pour paraître jeunes le plus longtemps possible. Nous ne cherchons plus à apprendre au contact des plus expérimentés et des plus sages. Il y a là quelque chose à méditer.

La question se pose pour chacun d'entre nous : quel modèle proposons-nous à nos enfants, que leur transmettons-nous ?

Notre société est encline à en faire des petits consommateurs et des petits gaspilleurs. Les enfants sont capables de trouver eux-mêmes ce qui va les faire jouer : un bâton, un bout de papier… Les couvrir de cadeaux est inutile ! Les enfants gagneraient à suivre des cours de jardinage, à aller plus souvent dans la nature, à découvrir comment elle fonctionne, afin de comprendre ce qu'est la vie, quels en sont les cycles et les chaînes écologiques, ainsi que d'où viennent les aliments. C'est la responsabilité de chaque parent. Rien de ce que l'on fait avec nos enfants n'est anodin, l'effet miroir joue à plein. Devenir parent, c'est aussi se remettre en question, tenter d'être exemplaire dans la manière de se comporter — avec eux, en famille, avec les autres —, car c'est ainsi qu'ils apprennent. Inutile de leur répéter des règles si vous-même ne vous y conformez pas. Par exemple, si vous élevez la voix pour obtenir qu'ils arrêtent de crier, ils vont retenir que c'est celui qui crie le plus fort qui gagne !

Un de vos personnages dit : « Cherche le divin en toi plutôt que le diable chez les autres… »

Je suis absolument convaincu que le divin est en nous, et qu'un des buts de l'existence est de le trouver. Mais ce que Blaise Pascal appelle le « divertissement », c'est-à-dire le brouhaha de nos occupations quotidiennes et des désirs qui nous sont inoculés, nous empêche de nous poser des questions sur notre essence, sur nos aspirations profondes, sur notre relation à la vie et à la mort, et donc d'entrer en contact avec ce divin. Pour moi, il est primordial de lui réserver un espace et du temps, ne serait-ce qu'un quart d'heure chaque jour, un quart d'heure vide de toute activité, un quart d'heure de silence, seul avec soi, pour que des choses émergent.

Les circonstances actuelles rendent-elles cette émergence intérieure plus difficile qu'il y a quelques années, ou peuvent-elles au contraire la favoriser ?

Cela dépendra des personnalités. Globalement, je pense que nous ne traversons pas une simple crise économique passagère, mais assistons en direct à la lente agonie d'un modèle. Confrontées aux difficultés, beaucoup d'entreprises poussent leurs employés à accroître leur productivité et essaient coûte que coûte de gagner des parts de marché. Ces logiques compétitives induisent la diminution progressive du nombre d'acteurs, par faillite ou par fusion-acquisition, donc l'augmentation du chômage, la chute du pouvoir d'achat et, par voie de conséquence, celle de la consommation. Le système, au final, va probablement s'effondrer sur lui-même.

La situation actuelle peut être perçue comme un durcissement du modèle libéral, mais quand on regarde l'histoire du monde, il faut souvent un retour en arrière pour franchir une étape. L'Amérique n'aurait peut-être jamais élu Barack Obama si elle n'avait pas eu George W. Bush !

Encore faut-il que des figures comme Barack Obama émergent !

De façon générale, je ne crois plus qu'un responsable ou qu'un courant politique puisse être à l'origine du changement. Je pense que l'évolution du monde naîtra de l'évolution de chacun, que le monde est la résultante de nos actions individuelles. Les hommes politiques suivront le mouvement lorsque celui-ci sera suffisamment fort, lorsqu'ils seront obligés d'adhérer aux nouvelles valeurs du peuple pour être élus.

Un livre peut-il avoir un pouvoir d'influence ?

C'est ce qui me pousse à écrire. Je sais que cela peut paraître naïf, ou à l'inverse prétentieux, mais je revendique volontiers une certaine naïveté, antidote au cynisme ambiant.

C'est culturel : en France, pour paraître intelligent, on se croit obligé d'être critique ; quand on met en avant des idées positives, aussi essentielles soient-elles, on passe pour « gentil », c'est-à-dire « bébête ». Mais bon, j'ai appris à lâcher prise du besoin de plaire à tout le monde, et je crois sincèrement que, si l'on veut faire évoluer les choses, il faut assumer le fait d'être un gentil. C'est peut-être ça, un vrai rebelle, aujourd'hui !

Caroline Simonds

Rire sur ordonnance

Surnommée le « clown médecin », Caroline Simonds ouvre des bulles d'espérance chez des enfants atteints de maladie grave.

Caroline Simonds exerce son métier de comédienne un peu partout dans le monde avant de découvrir, dans les années 1980, le Big Apple Circus de New York, dont une unité de clowns intervient dans divers services pédiatriques. Forte de son expérience auprès d'eux, elle décide en 1991 de fonder le Rire Médecin, association de clowns professionnels qui interviennent dans quinze hôpitaux français, en collaboration avec les équipes soignantes. Elle a écrit, avec Bernie Warren, *le Rire médecin, journal du docteur Girafe,* aux éditions Albin Michel. Cette « clown docteur » pleine de vie nous parle de son expérience auprès des enfants dans les hôpitaux et raconte la façon dont le jeu et l'imaginaire permettent l'accès à des ressources insoupçonnées. Et si, en tant que clown, l'Américaine estime que parler d'espérance n'est pas forcément de son ressort, il semblerait qu'à bien y regarder elle la côtoie tous les jours.

On dit souvent que le clown est un personnage de l'instant présent. Comment favorise-t-il l'espérance ?

Ce qui est drôle dans la rencontre avec les enfants, c'est que nous ne savons plus dans quel sens ça va. Les enfants sont aussi de grands personnages de l'instant présent. En fait, ils sont tellement dans l'ici et maintenant, tellement là, que pour les rencontrer véritablement il faut être avec eux. Au final, ce sont de grands bouddhistes. Alors, oui, un bon clown doit être dans l'instant présent. C'est sa capacité à rebondir sur ce qui se présente, sans jugement, qui fait non seulement qu'il est drôle, mais qu'il peut capter l'imagination de l'enfant et l'ouvrir sur des dimensions fantastiques. Est-ce que cela permet l'espérance ? Hier, j'ai vu un petit garçon de 4 ans dans un service de greffe. Ce qu'il a aimé, c'était de me faire peur. Alors mon partenaire clown — car nous intervenons toujours par deux — l'encourageait à me prendre par surprise. Du coup, nous avons couru dans les couloirs et, à un moment donné, il est devenu un lion qui me menaçait. Lui, il était mort de rire. Nous avons donc trouvé un rituel qui lui donnait du pouvoir. Pour lui, c'était magnifique d'avoir ce pouvoir alors qu'il est là pour une maladie extrêmement grave qui nécessite une greffe de moelle. C'était comme une ressource.

Qu'est-ce que ça lui a permis de vivre ?

Ça lui a donné plus de confiance dans ses capacités, dans son corps, dans le fait de ne pas juste subir sa maladie, l'hospitalisation et les traitements. Il ne pourrait pas faire l'expérience de cette sensation de puissance face à un docteur ou à des parents inquiets. Mais nous, les clowns, nous l'avons aidé à être un petit garçon capable de férocité, de combat, encore capable d'être joyeux et joueur. Ce sont des ressources dont il va avoir besoin pour rester deux mois dans une chambre de greffe de la moelle. Lorsque nous intervenons, nous n'essayons pas de dire : « Il faut que tu sois fort. » Nous trouvons juste le jeu qui va lui faire sentir son pouvoir. Nous ne cherchons même pas à lui donner de l'espoir, mais à le voir jouer. Ce n'est pas un pouvoir destructeur qui lui ferait lancer des jouets en étant en colère, c'est un pouvoir joyeux, stimulé par son imaginaire. Nous avons juste dit « Ouah, tu es un vrai lion toi ! » et ça lui a beaucoup plu. C'était comme lui donner une expérience, une métaphore, qui va laisser des traces en lui. Ses parents étaient là aussi, inquiets mais très contents et soulagés de le voir jouer comme ça. Donc ça les aide eux aussi de voir leur petit garçon dans sa joie et pas juste dans sa maladie. Ce que je vois, c'est que les gens ont une force, une résilience incroyable. Je n'ai jamais vu un père ou une mère se suicider. Je ne sais pas comment ils font. Est-ce cela l'espérance ? En tout cas, nous cherchons à ce que nos interventions stimulent cet effet de résilience chez les enfants et les parents, et qu'elles changent l'image de l'enfant malade aux yeux de l'entourage. Un enfant reste un enfant avant tout, ce n'est pas un enfant malade. Il ne devient pas sa maladie. C'est un enfant qui a une maladie.

Pourrions-nous dire alors qu'à l'hôpital vous dispensez une autre sorte de médecine ?

Oui, celle de l'imaginaire. J'ai toujours considéré l'imaginaire comme une ressource salutaire, et tant mieux si je peux l'apporter aux autres. Il y a un film italien que j'aime beaucoup : *La vie est belle* de Roberto Benigni. C'est l'histoire d'un père italien, juif, qui est déporté avec son enfant. Pour protéger son fils, il lui fait croire que tout ce qu'ils vivent n'est qu'un vaste jeu. Du coup, l'enfant n'est pas touché par le désastre ambiant. Cette histoire est fictive, mais elle illustre bien le pouvoir salvateur de l'imaginaire. Quantité d'histoires vraies le montrent aussi. Nous savons que, dans toutes les grandes crises du monde, partout sur la planète, l'imaginaire fait faire des choses héroïques à des personnes qui n'ont, du coup, pas perdu toute espérance. C'est cet amour pour le fabuleux, pour la fantaisie, qui m'a fait choisir une carrière de comédienne. J'ai toujours voulu utiliser le rêve, l'improvisation, pour faire ou pour faire faire des voyages vers un monde surprenant, magique, où nous pouvons imaginer les choses les plus folles. Quelle liberté ! Bien sûr, c'est aussi parfois une échappatoire, mais de ce que nous voyons, notamment quand nous travaillons avec les enfants, cela apporte la plupart du temps une véritable bouffée d'air qui les aide à trouver des ressources et à mieux gérer leurs épreuves.

Ainsi le jeu permettrait d'ouvrir des aptitudes à la résilience ?

Oui. Tout enfant normal joue, mais un enfant qui entre à l'hôpital peut arrêter complètement de jouer. À cause de la douleur, de la tristesse, des limitations physiques, de l'angoisse, de l'inquiétude pour ses parents. L'autre jour, j'ai vu une petite fille qui avait une tumeur pelvienne et qui, en une semaine, ne pouvait plus marcher. Mon travail est donc de trouver un jeu pour qu'elle coure dans sa tête. Il faut ouvrir les fenêtres de l'imaginaire et montrer à l'enfant qu'il peut avoir confiance, que c'est une vraie ressource. Le jeu est complètement central, même pour un enfant dans le coma. Nous pouvons chanter pour qu'il joue là où est sa conscience, même si nous ne savons pas où elle est. Nous pouvons aussi lui dire : « Ah, ta maman est superbe aujourd'hui, ça vaudrait la peine d'ouvrir les yeux ! » En tant que clowns, nous pouvons aller loin, parce que l'amour et l'humour s'entremêlent. C'est ce cocktail d'amour, d'humour, de technique professionnelle et d'improvisation qui fait que nous sommes les machines de guerre ludiques de l'hôpital. Nous sommes superéquipés pour accompagner enfants et parents dans des situations extrêmes. Nous avons une équipe de clowns formés sur les maladies et la psychologie de l'enfant, et capables de travailler main dans la main avec les services. Je voulais des as de l'improvisation, des personnages attachants, doués pour les voyages imaginaires car, dans les hôpitaux, il faut faire du sur-mesure pour chaque enfant. Nos interventions demandent une capacité d'attention et de création constante. Par exemple, voir si l'enfant a besoin de quelque chose de paisible ou de stimulant, de loufoque ou de poétique, c'est un vrai challenge. Et nous voyons au fil des années que nous sommes beaucoup plus que de simples clowns qui viennent faire leur numéro. Les effets de nos interventions vont bien au-delà du divertissement.

C'est pour cela qu'on vous surnomme les « clowns docteurs » ?

Sûrement. Mais, bien que nos interventions puissent avoir des effets thérapeutiques, nous ne sommes pas médecins. En tant que clowns, nous ne nous fixons pas du tout sur la souffrance ou sur la mort, pas une seconde. Je vois la souffrance, elle est là, mais c'est comme si je pouvais l'attraper et la transformer en autre chose. Et les enfants sont réactifs à cette « clown attitude », car eux-mêmes sont très créatifs. Ils savent naturellement faire quelque chose de merveilleux avec rien, ils savent transformer du pénible — car certains ont des pathologies graves et douloureuses — en quelque chose d'au moins un peu plus léger. Il suffit de se mettre à leur niveau, de leur proposer des pistes de jeu, d'ouvrir leur imaginaire pour que se réveille en eux cette capacité d'émerveillement qui n'est jamais très loin. Je le vois constamment chez ma petite fille de 5 ans, qui est capable de s'amuser avec une coquille de noix, imaginant pour elle des tempêtes en haute mer. Quand nous sommes capables de faire ça, nous avons gagné quelque chose sur le désespoir. Nous pouvons toujours voyager dans notre tête, et cela peut avoir un fort impact sur notre devenir. Ma mère, à 92 ans, était devenue sourde et voyait très mal. Avec mon frère, nous nous disions que cela devait être difficile pour elle, mais elle nous répondait : « Ne sous-estimez pas la richesse de ma vie intérieure ! » À un moment, elle ne pouvait plus manger, alors je lui envoyais des recettes de cuisine en lui précisant : « Je sais que tu es capable d'imaginer le goût de ce que je t'envoie. » Elle me répondait « Oui, tu as raison ! »

Le clown ne nous invite-t-il pas finalement à transcender le quotidien ?

Absolument, et presque plus que cela : le clown transcende, mais il transgresse aussi, car il aide les enfants à faire ce que nous pensons qu'il ne faut pas faire. La bêtise aide beaucoup les enfants. Je parle de la bêtise douce, bien sûr, comme dire des gros mots, pas de la bêtise méchante. Dire « pipi caca » pour un enfant de 4 ans, c'est génial ! Ça le fait jubiler, parce que c'est interdit. Je peux prendre une poupée Barbie, la faire voler, s'asseoir sur la tête du papa, et puis, d'un seul coup, lui faire faire un prout ! Les gosses adorent ça. Surtout, ça leur montre d'autres possibles que celui qui leur est imposé. Un hôpital, c'est plein de règles, et les malades doivent faire attention à tout un tas de choses, alors le jeu du clown avec l'interdit, la transgression, ça crée des soupapes. Ça fait du bien. Si je me place derrière une maman un peu coincée, que je mets mes bras à la place des siens et que je chante une chanson rigolote, je la ridiculise un peu quelque part, mais je lui permets de voir rire son enfant. Je lui rappelle que ces moments de partage simples sont précieux et, parce que tout le monde sait que c'est du théâtre, c'est accepté, et le message passe. Il faut voir aussi que nous, en tant que clowns, devons accepter d'être ridicules ! Nous ne pouvons pas faire rire si nous n'avons pas de recul sur nous-mêmes. Il nous faut être maladroits, dragueurs, jaloux, bêtes… Les défauts sont la matière d'un bon clown ! Nous avons tous des défauts que nous essayons tant bien que mal de cacher, mais le jour où nous acceptons de sortir de notre narcissisme et de faire qu'on rit de nous, ça change beaucoup de choses. C'est libérateur. Par exemple, tout le monde est de mauvaise foi de temps à autre, mais personne ne veut l'avouer. En tant que clown, c'est très bien d'être de mauvaise foi, ça peut être très drôle.

C'est comme si vous stimulez un élan de vie qui n'attend que ça.

Oui, le clown secoue la vie, surtout quand il y a la maladie, l'angoisse... Il recentre sur le choix de vivre, si possible sans forcer. Tout l'art étant de bien doser : si nous mettons la barre trop haut, ça stresse l'enfant ou les parents ; si nous la mettons trop bas, c'est gnangnan et ça ne sert à rien. En revanche, quand nous nous amusons vraiment, nous sommes pleins d'espérance parce que nous sommes pleinement en vie. C'est comme une lumière qui s'allume : ça devient un état qui se ressent, non un concept. Ainsi, nous pouvons être pleins de vie en étant malades, handicapés ou comateux, parce que la vie est là, jusqu'au bout. Nous ne pouvons pas être à moitié morts et à moitié vivants, nous sommes soit complètement morts, soit complètement vivants. C'est le docteur « Patch » Adams qui m'a transmis ça, un médecin américain renommé qui promeut les médecines parallèles.

Vous avez accompagné des enfants aux portes de la mort...

Un jour, je jouais à faire des bulles avec un enfant et il m'a dit : « Donne-moi une bulle, parce que j'en aurai besoin au paradis. » Je rencontre des enfants incroyables, qui sont conscients de ce que j'appelle le « passage d'ange » —le passage de l'être concret à l'état d'ange — et qui continuent à être ce qu'ils sont simplement. Souvent, plus l'enfant est jeune et plus il est conscient de ça, surtout s'il n'y a pas trop de souffrance physique.

Je pense à une petite fille de 5 ans qui est morte après notre visite. Elle ne voyait plus très bien. Il y avait du monde autour, sa mère, des infirmières, alors nous avons chanté les chansons qu'elle adorait. Elle écoutait. Moi, j'ai toujours un petit canard avec moi. À un moment, elle a réclamé le « coin-coin ». Le canard est venu, il a volé, il a mangé dans sa main, et puis j'ai dit : « Ah ! le canard s'envole, il s'envole et il est bien. » C'est après que je me suis rendu compte que c'était une sorte de métaphore de la mort. La petite fille est partie au ciel vingt minutes après notre passage. Comment évaluer l'impact de nos interventions ? Je pense aussi à une petite fille qui, entre 18 mois et 3 ans, a eu un cancer. Elle voulait tout le temps que je joue de la flûte, rien d'autre. Je me mettais à genoux, face à elle, et je jouais de la flûte. Maintenant, quinze ans plus tard, elle est flûtiste. Chaque rencontre est unique.

Même s'il est vrai que j'ai fait des choses très créatives en tant que clown, je suis aussi prête à apporter un verre d'eau, tout simplement. L'autre jour, j'ai vu un Africain dont le petit-fils était dans le coma. Cet homme était désespéré. En m'approchant, j'ai senti que ce n'était pas le moment de le stimuler avec des « clowneries ». Je lui ai juste demandé s'il voulait un verre d'eau. Il a dit oui et je suis allé chercher un verre d'eau. J'aime tout ça, tous ces moments-là, même si je ne fais qu'apporter un verre d'eau. J'aime être au service de l'autre, dans toute la gamme des possibilités. C'est ça qui, pour moi, fait que la vie vaut d'être vécue. En tout cas, ça donne du sens à la mienne. Et comme je suis comédienne, j'apporte ce que je sais faire.

Que vous a appris le travail à l'hôpital avec les enfants ?

Ce que j'ai pu voir, c'est que les gens sont de nature extrêmement résiliente, et ça me donne beaucoup d'espoir de constater la résilience de l'espèce humaine. Ça m'apprend à vivre ma vie pleinement et à revoir mes priorités. Ça me fait voir combien il est important de rester dans le présent, de ne pas juger les personnes sur des faits et de profiter de toutes petites joies de la vie, petites ou grandes. Chaque moment compte. Il est important de lever la tête, de regarder autour de nous, d'être attentifs à la vie, qui est tout le temps là, quoi qu'il arrive.

PARTIE 4

Se nourrir des traditions

Plutôt qu'une crise passagère, notre monde traverse une profonde mutation. Quelles sont les forces invisibles à l'œuvre dans la métamorphose en cours ? Que nous disent les différentes traditions spirituelles, les savoirs ancestraux à ce sujet ? Ce que nous observons au quotidien n'est-il que le symptôme apparent de causes plus profondes ?

Fabrice Midal

Marie-Pierre Dillenseger

Frank Lalou

Liliane Van der Velde

Patrick Burensteinas

Jean-Yves Leloup

Fabrice Midal

Bouddha se passe de l'espoir

Comment le bouddhisme perçoit-il l'effondrement de notre monde actuel ? Que peuvent nous enseigner les difficultés de la vie ?

Alors que le monde se transforme, parfois dans la douleur, la solution est-elle de partir méditer sur son île déserte en attendant que tout passe ? Pour cultiver son bonheur intérieur, faut-il se préserver des distractions et des perturbations du monde extérieur ? Pour changer le monde, faut-il s'en détacher et le contempler de loin alors qu'il se dissout, ou s'y plonger avec confiance pour être acteur de ce changement ? Fabrice Midal, docteur en philosophie, auteur d'une vingtaine d'ouvrages, artiste et enseignant la méditation, a accepté de répondre à toutes ces questions en essayant d'imaginer ce qu'aurait été le regard du maître tibétain Chögyam Trungpa Rinpoché sur notre époque, maître dont il a publié en France une magnifique biographie. Ce lama atypique, l'un des premiers à venir enseigner en Occident, aimait à confronter ses élèves à leurs contradictions profondes dans leur rapport à la spiritualité. Ces contradictions ne sont-elles pas précisément celles qui nous aveuglent aujourd'hui ?

Qu'est-ce que l'espérance ?

Je ne crois pas qu'on puisse répondre à cette question immédiatement ; on ne ferait que dire des généralités. Essayons de travailler ensemble pour arriver peut-être, à la fin de notre entretien, à mieux voir ce qu'est l'espérance. Pour ce faire, il faut dégager l'espérance de nombre d'idées reçues à son égard, qui nous trompent. La première chose qui empêche de comprendre ce qu'est l'espérance, c'est de la confondre avec l'espoir.

L'espoir, c'est l'attente que quelque chose arrive dans le futur ; du coup, cela hypothèque le présent. Ainsi, l'espoir est un poison.

J'aime beaucoup le bouddhisme pour sa clarté à cet égard. Pour lui, deux bandits nous rendent la vie impossible : l'espoir et la peur. Tant que l'homme est sous leur influence, il n'est pas pleinement accompli. Il faut qu'il arrête de penser que les choses devraient se passer d'une manière précise dans le futur ou de regretter que les choses ne se soient pas produites comme il le voulait dans le passé.

Comment Chögyam Trungpa parlait-il aux gens qui font face à des difficultés ? Apportait-il un sens aux crises auxquelles notre société contemporaine fait face ?

Pour Chögyam Trungpa, l'idée qu'il faudrait donner de l'espoir aux gens parce que tout va mal est non seulement fausse, mais dangereuse. Ce dont tout le monde a aujourd'hui besoin, c'est de vérité, et non d'être intoxiqué par des promesses fallacieuses… Lors d'une difficulté, d'une crise, il y a toujours des gourous qui viennent vendre de l'espoir aux gens — c'est parfaitement lucratif —, mais cela les rend inaptes à se relier à la vérité de la situation et cela les empêche, du coup, de voir ce qu'il leur faudrait faire. Quand Chögyam Trungpa est arrivé en Occident en 1970, un journaliste l'interrogea et lui demanda : « Nous parlons beaucoup de l'ère du Verseau et de l'espérance, qu'est-ce que vous en pensez ? Est-ce que demain sera un monde meilleur ? » Sa réponse fut : « Les berges du matérialisme ont rompu. Tout est en train d'être détruit. Voilà, ce que je peux vous dire. »

Le journaliste fut complètement surpris : il s'attendait à ce que Chögyam Trungpa, en tant que maître spirituel, donne de l'espoir au lieu de le réduire en miettes. Mais Trungpa, auquel je ne cesse de revenir, toujours plus émerveillé, n'avait rien du vieux sage sympathique. Il était loin d'être rassurant, et même plutôt angoissant. Sa fonction était d'inquiéter davantage les gens. Il me fait penser à Socrate, qui n'était pas du tout la figure du sage que nous imaginons : il n'arrêtait pas d'aller sur la place publique et de poser aux gens des questions qui les rendaient mal à l'aise. Il ne leur faisait jamais la moindre promesse. Ils ont fini par le mettre à mort, justement parce qu'il dénonçait leurs espoirs et qu'il les confrontait à la réalité qu'ils ne voulaient pas voir.

Mais n'est-ce pas le cas de tous les grands maîtres spirituels de l'humanité ? Ne sont-ils par là pour réduire en miettes les espoirs qui emprisonnent les hommes ? N'est-ce pas là le geste de Bouddha ou du Christ ?

Il serait donc plutôt question de faire face à la réalité de la crise ?

Oui. Je crois que le problème, contrairement à ce que l'on raconte, n'est pas que nous sommes en crise, mais que nous ne la voyons pas vraiment, que nous ne la comprenons pas. Oui, j'ose le dire : presque personne ne sait encore que nous sommes en crise. Nous faisons comme si nous n'y étions pas. Nous ne parlons de la crise que pour mieux éviter d'examiner le phénomène. Nous sommes aveugles à la situation dans laquelle nous sommes. Nous voyons bien le problème du chômage, les défaillances économiques, les guerres. Mais d'où viennent-ils ? Qu'est-ce qui se passe réellement aujourd'hui ?

Quel est le vrai problème ? Pourquoi notre monde est-il comme il est ?

Dans cette situation, chercher des espoirs, c'est se condamner à avoir de moins en moins de rapport à la gravité de la situation où nous sommes plongés. Affirmer que demain sera meilleur, que nous allons développer un plus grand sens de compassion, que nous vivons une avancée civilisatrice... toutes ces phrases que nous entendons depuis trente ans sont du pur bavardage. Elles ne reposent sur aucune analyse sérieuse. Il ne s'agit pas du tout ici d'être pessimiste ou optimiste. L'un et l'autre seraient complètement idiots, parce que nous retomberions du coup dans l'espoir et dans la peur. Il s'agit de commencer à interroger la réalité pour voir les choses telles qu'elles sont, au-delà de l'espoir et de la peur.

Chercher des solutions avant de s'être confronté à la crise serait-il prématuré ?

C'est même une manière de ne plus rien voir du tout ! Nous nous agitons, mais nous n'agissons pas vraiment. Si nous voulons agir, il faut voir le problème. Si quelqu'un est malade, le médecin ne va pas chercher un traitement sans l'examiner.

Aujourd'hui, nous avons besoin de gens qui, comme un bon médecin, regardent un peu mieux ce qui se passe dans notre monde pour le guérir. Il y a plein de manières de le faire, mais il faut pour y réussir questionner les apparences. Chögyam Trungpa dit que le matérialisme — que nous ferions peut-être mieux de nommer consumérisme — est en train de tout détruire. Il évoque trois formes de consumérisme.

Le premier, le plus commun, le mieux identifié, c'est le consumérisme des choses que nous pouvons acheter. Nous croyons que nous allons atteindre une plus grande plénitude, un plus grand bonheur, si nous avons plus d'argent et que nous pouvons acheter plus de choses.

Il existe une autre forme de consumérisme, un consumérisme intellectuel, qui consiste à adopter une idéologie, un agencement logique de concepts. C'est une autre forme d'identité fixe qui ne remet absolument rien en question. Au lieu d'acheter une nouvelle voiture, j'achète une nouvelle conviction qui me permet de mieux me sentir, d'être plus confortablement sûr de moi. Cette attitude ne fait que m'enfermer un peu plus.

Ensuite, il y a des gens qui considèrent les limites d'une idéologie intellectuelle et s'engagent dans une démarche spirituelle. Le consumérisme spirituel, comme le décrit Trungpa, consiste à chercher des enseignements spirituels que l'on va consommer exactement comme quelque chose que l'on achèterait. Nous pensons que faire de la méditation, du chamanisme, prier un dieu va nous mettre en sécurité, que nous serons du bon côté et que tout ira bien. On va faire un stage de méditation comme on ferait un quelconque voyage. C'est une incroyable supercherie, parce que nous cherchons alors le confort au lieu de nous ouvrir.

Ces trois formes de consumérisme nous rongent, et rongent la terre. Nous n'avons plus de rapport à rien. Nous consommons. Rien ne nous nourrit vraiment. Rien ne nous grandit.

Le seul chemin pour un être humain, c'est de s'ouvrir. Ce n'est pas toujours agréable, mais il n'y a pas d'autre chemin. Au lieu de nous conforter, de nous enrichir, nous devons nous dépouiller ! Il nous faut démissionner des rôles que nous jouons. Il nous faut accepter une mise à nu sans conditions.

Mais un chômeur ou un civil pris dans une guerre pourraient répondre : « C'est bien beau de voir la réalité, mais qu'est-ce qu'on fait ? »

Votre question est trompeuse ! Vouloir faire quelque chose, c'est justement ne rien faire ! Je reprends mon exemple : si quelqu'un est malade et s'il voit un médecin qui refuse de l'examiner et lui dit simplement que tout ira bien, est-ce que cela va le rassurer ? Voilà ce que vous me demandez !

Il faut que vous choisissiez : est-ce que vous voulez vivre un moment confortable et agréable ou voulez-vous vous confronter au réel, qui est parfois douloureux ? Moi, je ne sais pas ce que doit faire celui qui vient de perdre son boulot, celui à qui on annonce qu'il a un cancer, mais ce n'est certainement pas en l'illusionnant, en lui donnant des bonbons, qu'il va réussir à trouver un possible, ou simplement une manière de vivre moins mal l'épreuve qu'il traverse.

Est-ce qu'il s'agit juste de rencontrer la souffrance ?

Quand il n'y a plus de projections ou de rêves, un nouveau possible peut apparaître, mais, attention, le piège est alors de continuer à avoir de l'espoir, de contourner le fait de rencontrer la réalité en se disant : « Bon, d'accord, j'accepte qu'il n'y ait pas d'espoir, comme cela tout va s'arranger. » Non ! Ce que nous invite à faire Trungpa — et ce pourquoi je le trouve génial —, c'est nous faire perdre pied. Les choses ne vont pas se passer comme nous voulons qu'elles se passent.

Votre conjoint va mal. Il est un peu fatigué, énervé, son patron lui fait des misères et, quand il rentre à la maison, il vous fait la tête sans raison. Vous ne savez pas ce qui se passe. Quand vous êtes sans espoir, au lieu d'avoir l'attente que votre conjoint se comporte d'une certaine façon, vous vous reliez à la réalité. Cela rend les choses beaucoup plus vivables. Cela ne veut pas dire que vous acceptez la situation, ça veut dire que vous vous ouvrez à elle, ce qui est complètement différent. Il ne s'agit pas d'accepter ou de refuser, mais d'entrer en rapport entièrement à ce qui se passe.

Dans notre vie quotidienne, tous les jours nous sommes enfermés dans nos espoirs et nous refusons de faire ce geste. Nous nous crispons sur nos idées. Cela nous rend la vie complètement impossible et fait de nous des sortes de petits tyrans, insatisfaits et frustrés. Et si nous partions du fait que les choses sont comme elles sont et qu'il est impossible que tout soit comme nous le voulons ?

Est-ce que vous voyez mieux l'incroyable soulagement qu'il y a à se libérer du poison qu'est l'espoir ?

Si nous partions de cela, que se passerait-il ?

Lorsqu'il n'y a plus d'espoir, il n'y a plus cette haine contre la réalité et la douleur. Habituellement, quand nous avons mal, non seulement nous avons mal, mais nous rajoutons de l'inquiétude sur ce qui va se passer ainsi que du ressentiment de devoir éprouver une si pénible expérience. C'est beaucoup ! Si en revanche nous arrivons juste à être en rapport à la douleur, cela la rend souvent beaucoup plus supportable.

Les effets de la méditation qui consiste à se relier à ce qui est avec douceur et précision, introduite dans plus de six cents hôpitaux dans le monde, sont en ce sens remarquables. Nous pouvons constater des conséquences profondes de la méditation sur les douleurs chroniques. Le grand paradoxe, c'est que si vous faites cela pour obtenir quelque chose, avec un espoir quelconque, vous ne le faites plus… et il ne se passe rien. La méditation consiste à s'ouvrir au présent sans attendre quoi que ce soit. Alors, il y a une transformation.

Puisque, dans cet espace, ce n'est plus moi — avec mon conditionnement, ma volonté, mon espoir — qui agis, quelles sont alors les forces à l'œuvre ?

Peut-être les anges et les dieux viennent-ils à vous.

Vous pouvez développer ?

Non. Je crois qu'il est des choses au sujet desquelles il vaut mieux ne pas trop parler, parce que nous empêcherions alors qu'elles aient lieu. Peut-être des anges et des dieux viennent-ils à vous, c'est tout ce qu'il faut dire. Discourir sur ce thème, c'est les faire partir. Trungpa, qui avait beaucoup d'humour, disait que c'est comme une piste d'atterrissage pour un avion : s'il n'y a pas de place, l'avion ne peut pas atterrir. Préparer la piste d'atterrissage, c'est ouvrir son cœur tout entier, se mettre à nu, se libérer de toute attente. Ce qui se passe alors, nous ne pouvons pas le saisir !

Est-ce l'espace où apparaît l'espérance ?

Bien sûr ! Vous avez tout compris. Mais si nous allons trop vite, nous tenterons d'éviter le moment où nous comprenons que c'est la catastrophe, que peut-être nous n'allons pas y arriver, que peut-être c'est foutu. Le problème, avec notre manière de parler de l'espoir, c'est que nous ne sommes pas prêts à faire cette expérience, or c'est dans la mesure où nous sommes prêts à ne plus rien savoir, à penser que c'est un fiasco complet, que quelque chose se donne. Cette expérience-là est extrêmement salutaire.

Dans la pratique de la méditation, vous n'y arrivez plus, vous êtes au bord du précipice... et là, tout à coup, sans aucune raison, tout s'ouvre. Cela ne peut pas être autrement. Nos échecs nous font grandir. Celui qui voudrait ne jamais tomber n'apprendrait jamais à marcher !

Du reste, lorsque nous regardons rétrospectivement notre existence, nous voyons que ce ne sont pas seulement les moments d'ouverture qui sont importants, ce sont aussi les moments d'égarement, de doute et de crise qui ont permis de nouveaux dépassements. C'est eux qui font que, d'un seul coup, nous arrêtons de rêver les yeux ouverts et entrons en rapport à la réalité. Là, il peut y avoir une grâce, un don, une rencontre avec un inconnu. Quelque chose de plus grand peut se manifester. Est-ce que vous voyez à présent ? L'espérance, c'est lorsque nous sommes libérés de l'espoir. Dans le corpus bouddhique, deux phénomènes sont ici décisifs : l'aspiration et la confiance.

Parlons de la confiance...

La confiance, c'est quand nous voyons par où aller de l'avant dans une situation donnée. Nous avons confiance dans la vie elle-même, dans l'ouverture qui nous appelle. Nous avons confiance sans raison, pleinement.

Nous pourrions dire qu'il y a deux maladies dont souffre le monde : la première est constituée des trois formes de matérialisme (voir plus haut) ; l'autre, c'est le découragement, qui n'est pas sans rapport avec ce que Nietzsche appelle le ressentiment qui nous ronge. Cette maladie nous prive de toute confiance.

Nietzsche parle beaucoup du fait que le problème majeur de notre temps, c'est notre haine des forces de vie. Pour lui, tout l'enjeu consiste à pouvoir dire pour de bon, entièrement, oui à la vie. Un oui complet, qui nous permette de surmonter notre ressentiment et d'avoir pleinement conscience dans le jeu incessant de la vie.

Tous les journaux nous parlent d'espoir, veulent nous faire rêver. Ils sont mus en réalité par le ressentiment. Dès que vous dites que nous pouvons faire quelque chose concrètement, que nous ne sommes pas condamnés à cette situation de désespoir, on vous rit au nez. Est-ce que vous voyez comme c'est étrange ? Plus on nous vend de l'espoir, espoir supposé nous permettre d'inventer de nouveaux chemins, plus on empêche ce qui permettrait un véritable changement.

Pourrions-nous dire que nous sommes dans une société cynique mais qui se targue de réalisme ?

Oui. Ce découragement est devenu l'atmosphère que nous respirons. Nous ne prenons plus de risques. Nous sommes prisonniers de l'espoir (la carotte) et de la peur (le bâton).

Comment retrouver confiance en soi ?

Personnellement, je suis embarrassé, car je n'ai pas confiance en moi. J'ai confiance dans l'ouverture qui ne cesse d'être là, qui ne cesse de m'appeler. Il existe une confiance abyssale, car nous ne pouvons avoir confiance que dans quelque chose de plus grand que nous, quelque chose qui nous appelle, que nous pouvons nommer la vie ou l'amour. C'est beaucoup plus simple que nous ne le pensons. C'est être là sans raison, sans condition, ouvert à la situation présente. Invoquer la confiance, c'est couper le renoncement, le découragement, pour voir dans une situation l'ouvert qu'elle recèle.

Cela nous mène à la notion d'aspiration, qui est absolument centrale au monde bouddhique et qui est très étonnante pour nous. On raconte souvent que le bouddhisme est la négation du désir. C'est à mon avis une grossière erreur, un problème de traduction ! Ce à quoi il faut renoncer, d'après le bouddhisme, c'est la saisie crispée, le désir de saisir, mais pas le désir comme il est entendu dans son sens le plus noble en Occident. Chez Platon, Spinoza ou Nietzsche, le désir a été pensé comme un élan de vie. C'est ce qui nous tient ouverts. Je crois qu'il faudrait ici comprendre que l'équivalent de l'aspiration dans le bouddhisme, c'est le désir en Occident, et le bouddhisme met l'accent sur le fait que notre aspiration doit être la plus vaste possible. « Les êtres sensibles sont innombrables, puissé-je les sauver tous. La souffrance est inextinguible, puissé-je l'apaiser toute, entièrement. » Cette inspiration est impossible. Pour la comprendre, il faut la distinguer du projet. En Occident, nous sommes obnubilés par le projet en raison de notre rapport à l'efficacité. L'aspiration, si nous ne voyons pas comment la réaliser, nous semble inutile et vaine. Pour nous, la seule réalité, c'est celle des gestionnaires, mais nous perdons complètement de vue que la raison pour laquelle nous faisons ce que nous faisons change tout. En réalité, c'est tout l'inverse : l'aspiration seule ouvre le monde, nous donne des ailes, nous permet de penser avec grandeur.

L'espérance, c'est à la fois cette confiance inconditionnelle dans notre propre humanité et l'aspiration que tous les êtres soient heureux. Voilà, je crois, par où entendre d'une manière neuve et salutaire l'espérance, qui, ainsi préservée de nombreux contresens, retrouve son vrai visage.

Marie-Pierre Dillenseger

Décryptage d'un monde en mouvement

Maître feng shui, consultante et formatrice, Marie-Pierre Dillenseger est spécialiste de la pensée chinoise millénaire. Quelles clés de compréhension peut-elle nous apporter face aux difficultés ? Quelles forces sont en jeu ? Comment mieux en tenir compte ?

Quand il est 14 heures à Paris, il est 8 heures du matin dans le Massachusetts. Marie-Pierre Dillenseger est déjà à pied d'œuvre dans son bureau de Cambridge, face à son écran Skype. Maître feng shui, spécialiste de la pensée chinoise, elle jette sur les crises, sociétales ou individuelles, un regard modelé par une autre compréhension du monde. Notions de cycles, de forces, de globalité, de contexte spatio-temporel : quelles sont les clés de cette approche ? Qu'ont-elles à nous apprendre ? Depuis seize ans, cette détentrice d'un DEA en littérature française, ex-directrice de projets numériques, met ses connaissances au service des organisations et des particuliers, afin de les aider à choisir les moments et les espaces les plus favorables à la réalisation de leurs projets. Quelles ressources mobiliser ? Comment réagir face aux difficultés ? À ces questions, elle répond avec enthousiasme et précision, s'appuyant sur l'enseignement millénaire dont elle est porteuse, ainsi que sur sa perception aiguë des énergies.

Quel regard la pensée chinoise porte-t-elle sur les périodes de crise ?

Codifiée depuis des millénaires, elle s'appuie sur une lecture cyclique du temps. À l'échelle humaine, par exemple, il existe des cycles de soixante ans, de soixante mois, de soixante jours, de soixante heures… L'énergie temporelle dans laquelle nous baignons est en constant renouvellement, ses qualités ne cessent de varier. Cette vision implique d'accepter que l'écoulement du temps ne soit pas linéaire, qu'il peut apporter du mieux et du moins bien.

Aujourd'hui, le malaise semble être à tous les niveaux : écologique, économique, social, spirituel… Comment comprendre cette cristallisation ?

Il existe, à l'échelle de la planète, des grands cycles de cent quatre-vingts ans, divisés chacun en neuf périodes de vingt ans. Celui dans lequel nous sommes actuellement a commencé en 1864 et se terminera en 2044. Nous en traversons l'avant-dernière période, celle de 2004 à 2024. Dans la pensée chinoise, cette avant-dernière période est associée à un mouvement de transformation majeure, à tous les niveaux : individuel, comportemental, philosophique, spirituel… Ses dix premières années correspondent à une période de mise en place. Nous la vivons comme une crise, mais c'est normal ! Elle est le symptôme d'une résistance au changement, à un moment où les forces nouvelles ne sont pas encore déployées. La mutation entraîne des tensions ; on sent que les individus ont encore du mal à lâcher certaines énergies révolues (telles que celles de l'intellect, du raisonnement, de la maîtrise et du pouvoir) pour s'ouvrir à ce qui vient. Le nettoyage des habitudes et des modes de pensée s'effectue rarement sans heurts. Cela ne veut pas dire qu'il faut tout jeter à la poubelle, mais qu'il est temps de se laisser porter par un effet d'entraînement, d'oser accepter de voir les choses un peu différemment. Déjà, des initiatives apparaissent, on commence à assister à un renouvellement des savoir-faire, y compris dans le système bancaire. Les choses devraient s'accélérer dans les prochaines années. La vie est du côté du changement perpétuel : en permanence, nos cellules meurent et renaissent. La connaissance des cycles permet de comprendre la cadence d'installation de la nouvelle énergie ; elle aide à tenir dans les temps difficiles, par la compréhension de ce que chaque période apporte.

Faut-il donc simplement « attendre et voir venir » ?

Les Occidentaux ont souvent tendance à percevoir cette vision du monde comme passive et attentiste. Dans le mode de lecture chinois, il s'agit plutôt de modifier sa position par anticipation, en fonction des éléments apportés par la connaissance des cycles. L'espoir est lié à la conscience qu'un changement adviendra inéluctablement, que les prochains jours, mois ou années apporteront une texture énergétique différente. Cela ne signifie pas ne rien faire, mais voir ce que l'on peut mettre en œuvre dans l'immédiat, à son niveau, tant que les circonstances extérieures n'ont pas bougé. C'est comme dans les arts martiaux : si vous perdez un certain nombre de combats, il ne faut pas vous dire que vous n'en remporterez jamais, mais revenir au dojo pour trouver la bonne parade. Il y en a toujours une, même si on peine à la discerner quand on a le nez dans le guidon. Il est de notre responsabilité de la découvrir. Ainsi, l'obstacle est vu de manière constructive, comme une occasion de développer d'autres forces ou de se placer autrement. Ce décodage permet de se projeter favorablement.

Quelles sont les forces que nous pouvons mobiliser ?

Dans la pensée chinoise, tout succès, tout projet est considéré comme le résultat d'une équation à trois forces : le temps, l'espace — c'est-à-dire le lieu où l'on se trouve — et l'individu. Les forces temporelles sont posées comme totalement extérieures à nous. De même, si vous étiez au Liberia plutôt qu'en France, vous travailleriez sûrement sur d'autres sujets... En fonction de qui nous sommes, de notre énergie propre, nous ne réagirons pas de la même manière aux mouvements de notre environnement. Certains d'entre nous seront plus en résonance avec les forces actuelles de renouvellement, leur énergie personnelle s'en trouvera boostée. D'autres, au contraire, se sentiront décalés. Aucun cycle de vingt ans n'est meilleur qu'un autre ; tous sont porteurs de qualités différentes. C'est comme dans un manège : si quinze enfants dessus cherchent à aller à contre sens, cela n'empêchera pas le manège de tourner, mais cela engendrera de la confusion et de la résistance. En revanche, si les enfants sont en phase avec le sens du manège, le mouvement deviendra plus fluide. Imaginons par exemple que vos patrons fassent de la rétention d'information et continuent à considérer que leurs collaborateurs ne doivent pas tout savoir. Cette posture générale de l'entreprise est dépassée par rapport à l'énergie de l'époque. Certains employés vont ressentir le décalage entre leur réalité quotidienne et ce vers quoi le monde va. Ce qu'il conviendra de faire à titre individuel — patienter ou commencer à faire quelques pas dehors — dépendra de la carte énergétique de chacun.

Que peut-on faire pour comprendre comment se positionner ?

En temps d'obstacle, le mode de lecture chinois recommande la circonspection et la prise du recul. S'agiter davantage, essayer de forcer le cours des événements par la force ou la volonté ne sert à rien. Tant que le monde est épouvantable à l'extérieur ou que nous ne comprenons pas ce qui bouge, notre principale ressource est de nous caler sur ce que nous sommes, sur ce qui va nous permettre de survivre, de ce matin à cet après-midi, d'aujourd'hui à demain. Il ne s'agit ni de désespérer ni de nous activer dans tous les sens, mais de nous rendre disponibles à ce qui, dans notre enveloppe physique, nous permet de nous ancrer, de renouveler nos cellules, de travailler notre propre qualité d'énergie. En Occident, nous avons tendance à nous penser plus puissants que nous ne le sommes. De là naît tantôt une illusion de grandeur, qui nourrit beaucoup d'espoir, tantôt celle d'être abandonné par l'univers, qui nous porte au désespoir. L'éclaircie ne viendra pas parce que nous le voulons, mais parce qu'elle vient. L'important est de tenir jusqu'à son arrivée, en faisant ce qu'il faut, chacun à son niveau. C'est ainsi que nous nourrirons les conditions de l'espoir. C'est un placement relatif, individuel, dans un système en mouvement perpétuel.

Ce repli sur soi n'est-il pas un peu nombriliste ?

Je dirais plutôt qu'il faut arrêter d'attendre que le changement vienne uniquement de l'extérieur. C'est une autre forme d'activisme, qui commence par soi. L'évolution vers une vie plus fluide, plus en phase avec nos espérances, ne peut venir que d'une adéquation entre ce que nous portons et ce que le monde apporte. L'objectif est d'être à sa juste place. Si vous mettez un paquebot dans une rivière ou une barque dans un océan, les problèmes sont courus d'avance ! L'important, dans un premier temps, est de remobiliser nos capacités d'observation, d'arrêter de trop intellectualiser pour porter attention à notre boussole interne, celle qui nous dit « Vas-y » ou « N'y va pas », et nous aide à repérer les situations qui nous conviennent mieux que d'autres. Les conditions du changement sont en nous. Nous n'avons pas de prise sur les cycles temporels immuables, mais nous pouvons nous libérer de certains carcans en étant très à l'écoute des forces que porte le petit individu que nous sommes. Par exemple, si vous avez des capacités d'auto-entrepreneur mais que vous demeurez dans un système salarié, ce sera à vous d'investir du temps pour comprendre comment développer les compétences qui se trouvent à l'étroit dans votre emploi actuel. Le processus n'est ni rapide ni spectaculaire, mais il est dynamique. Nous autres Occidentaux avons du mal avec la patience, parce que nous l'assimilons à de la passivité. Les choses prennent du temps, il faut garder confiance dans le mouvement des énergies. Dans ma pratique, je constate que le plus difficile pour les gens n'est pas d'agir quand le moment est bon, mais de ne pas agir quand le moment n'est pas opportun ! Je dois souvent leur faire tolérer le fait qu'ils sont pour l'instant au point mort et qu'ils ont intérêt à attendre quelque temps avant de lancer un projet. Mes recommandations sont très précises, mais mon intervention n'a d'effet que s'ils acceptent de bouger certaines choses dans leurs manières de faire, d'habiter leur espace, de prendre des décisions, etc.

Sur quels outils vous appuyez-vous ?

Selon l'approche chinoise, l'énergie vitale de chacun se déploie dans le temps depuis l'instant de sa naissance. Pour comprendre dans quel cycle de sa vie se trouve la personne et quels conseils lui donner pour optimiser ses potentiels, je pars de sa date de naissance pour définir son thème astrologique et tracer sa carte énergétique. Ce travail peut aussi s'appliquer à une collectivité (il me faudra alors la date de création de la société et les dates de naissance des dirigeants les plus impliqués humainement et financièrement). Il peut également être utile pour un lieu, à partir de la date où le toit a été posé sur le bâtiment et de son orientation. Mon rôle, ensuite, est de tenter d'établir un alignement des forces, c'est-à-dire une corrélation entre la trame énergétique de l'individu, celle de son espace et les grandes forces temporelles en jeu à ce moment.

Il n'est pas toujours évident d'oser le changement, même lorsque le moment est bon. La peur est un frein très puissant…

C'est une émotion paralysante, utile lorsqu'elle est au service de la survie, mais aujourd'hui trop exagérée, car alimentée par un manque de vision et de confiance dans un renouveau, certes encore inconnu, mais à venir. En médecine chinoise, le foie est considéré comme le siège des émotions. L'élément chinois associé au foie, donc aux émotions, c'est le bois, métaphore du renouveau. L'énergie dominante du cycle de vingt ans que nous traversons actuellement est celle de la terre, une force d'inertie en apparence, mais de transformation en profondeur. Entre ces deux énergies, la relation n'est pas fluide, il y a une tension dynamique, un combat. La période vient donc nous bousculer, elle affole nos émotions. En sortiront gagnants ceux qui parviendront à reconnaître qu'ils ont peur, et à mobiliser malgré tout des forces de renouvellement, quand bien même ils ne savent pas où elles les mèneront. L'enjeu est de réussir à tolérer l'inconfort de ce grand écart. Pour y parvenir, il faut de l'ancrage.

Et comment s'ancre-t-on ?

Les Chinois diraient que nous avons trop de feu dans la tête : nous réfléchissons trop. L'ancrage part du corps. C'est lui qui nous permet, au niveau cellulaire, d'être en pleine forme. Il passe par ce que nous mangeons et buvons tous les jours, par la qualité de notre sommeil, ainsi que par une vigilance accrue à ce qui nous prend des forces au quotidien et à ce qui nous en donne. Une fois repéré ce qui nous pompe, il faut lui rogner les ailes. Par exemple, si l'on est gêné par le bruit de la cafétéria, ne plus y aller, ou n'y aller qu'un jour par semaine, ou y aller un jour de moins par semaine. L'exercice n'est pas compliqué, mais il demande un peu de discipline et de patience, des valeurs qui ne sont pas celles que nous a fait miroiter notre société au cours des cinquante dernières années ! La liberté, ce n'est pas tout avoir tout de suite, de n'importe quelle manière, c'est trouver les clés de son harmonie, ce qui passe par un moment de présence à soi-même.

Est-il possible d'entendre que des jours meilleurs sont à venir quand on est confronté au pire, à la violence ou à l'oppression ?

La plupart du temps, c'est effectivement très difficile à accepter. Nous n'avons pas été formatés en ce sens. Pour nous, le temps est linéaire ; nous projetons sur la suite les difficultés passées ou actuelles. Il ne s'agit pas de minimiser ces difficultés — elles sont bien réelles —, mais de parvenir à les voir sous un autre angle, à les inscrire dans une logique cyclique plus large. Dans les situations les plus désespérées, cela ne rend pas forcément plus facile l'acceptation de la mort, mais cela peut favoriser la conscience que la vie suivante sera porteuse de forces nouvelles.

Au niveau collectif, quel avenir nous réservent les prochaines années ?

La période 2024-2044 sera la dernière du grand cycle actuel de cent quatre-vingts ans. Elle est associée à l'élément « feu », métaphore de la lumière, lié aussi à la spiritualité. Nous nous dirigeons vers une conscience accrue, au risque même de décoller un peu trop ! Si la barbarie semble aujourd'hui reprendre du terrain, c'est le signe que des combats énergétiques sont à l'œuvre. L'arrivée des forces de lumière réveille forcément des forces de résistance, mais le « feu » l'emportera au final.

Nous ne resterons pourtant pas en pleine lumière pour l'éternité...

De vingt ans en vingt ans, au sein du cycle de cent quatre-vingts ans qui débutera en 2044, les choses continueront à évoluer. Nous retournerons par exemple d'abord à l'énergie de l'eau, symbole du mouvement et de la prise de parole, celle-ci ne pouvant émerger qu'une fois qu'on a vu clair. Autre point important : aucune période ne sera jamais favorable à tout le monde. Selon son énergie individuelle, chacun sera plus ou moins à l'aise avec les cycles à l'œuvre — qu'ils soient mensuels, annuels ou autres.

Dans votre approche, qu'apporte la pensée par analogie ?

C'est un complément précieux à la pensée logique. À certains moments, cette dernière n'est plus efficiente : il devient nécessaire d'introduire une perspective différente. Par exemple, lorsqu'une personne m'exprime sa frustration de ne pas réussir à verbaliser un problème, plutôt que de lui donner des outils pour mettre des mots, je vais lui conseiller d'être le plus en contact possible avec l'eau pendant quinze jours (en prenant des bains, en marchant sous la pluie...). Dans la pensée chinoise, l'eau est la métaphore de ce qui coule et circule. Son énergie est en résonance avec celle de la communication. Cette approche rend tangible, d'autant plus qu'elle touche au corps, une force qui n'était pas directement accessible à la personne ; elle l'aide à entrer en contact avec cette énergie, autrement. L'analogie permet aussi de ne pas être uniquement dans l'explication du pourquoi et du comment, mais de proposer des exercices concrets, très simples, adaptés à la carte énergétique de la personne, destinés à la nourrir en attendant que les cycles lui soient plus favorables.

Comment transmettre à nos enfants une meilleure intelligence du monde ?

Il faut leur laisser du temps « vide », non affecté au « faire ». Impossible d'accueillir un nouvel ouvrage sur nos étagères si celles-ci sont pleines à ras bord ! L'arrivée d'une énergie nouvelle ne peut advenir sans qu'on lui laisse de l'espace. Si nos enfants râlent parce que se profile l'énergie de l'ennui, il faut les rassurer, les laisser imaginer par eux-mêmes comment s'occuper. Une demi-heure plus tard, ils auront trouvé ! Ils développeront ainsi très jeunes la capacité d'être attentifs à leurs propres forces et d'être créatifs de leur propre destin.

Frank Lalou

J'ai foi en l'imprévisible

L'espérance est au cœur de la tradition juive. Pour Frank Lalou, écrivain et calligraphe, elle naît précisément devant l'imprévisible.

La confiance semble habiter chacune des cellules de son corps. La confiance dans la vie, quelle que soit l'adversité. Frank Lalou incarne cette espérance absolue, cette certitude que le destin est imprévisible et nous porte vers plus de lumière et de divin. Quoi qu'il en coûte. Puisant cette assurance dans la tradition judaïque et les arcanes mystérieux de la calligraphie hébraïque, il ouvre une porte vers une autre lecture de l'histoire, une histoire où, malgré les difficultés et les douleurs, il peut toujours se produire quelque chose « qui provienne d'ailleurs ».

Qu'est-ce que l'espérance pour vous ?

C'est penser que demain est une porte ouverte, que des rencontres merveilleuses vont se faire, que même si nous vivons aujourd'hui au milieu d'un monde qui s'écroule, où tout est menacé, nous devons nous souvenir des leçons de l'histoire, qui nous enseignent que, chaque fois que l'humanité a vécu des périodes absolument sombres, par la suite une ère meilleure en ressort. Avoir en mémoire que le bien finit toujours par dominer le mal. L'homme possède cette faculté énorme de créativité pour se sortir de la nuit.

On peut aussi parfois avoir le sentiment inverse : que l'homme ne semble jamais tirer les leçons de l'histoire et qu'il répète sans cesse les mêmes erreurs.

Je ne crois pas à ça. Regardez les progrès des relations internationales depuis la Seconde Guerre mondiale : on a institué maintenant des systèmes régulateurs extraordinaires. Aujourd'hui, à une agression, on ne répond pas aussitôt par la guerre. Ces systèmes permettent à tout moment de temporiser les violences par la négociation et la politique. Bien sûr, tout est médiatisé, les écrans nous inondent d'images atroces, mais il faut voir dans le long terme. À moyen terme, je ne puis être que très pessimiste, et je pense malheureusement qu'on ne pourra pas éviter une énorme crise et d'effrayants conflits. Nous allons, c'est certain, vers une période obscure majeure. Écologie, démographie, économie, terrorisme... Mais je pense que de la crise, de la nuit, toujours naît une lumière nouvelle et supérieure.

Qu'est-ce qui vous donne cette lecture ?

Dans la kabbale, la lumière est à l'origine de notre univers. Une lumière, Dieu, une création... tout ça, ce sont des mots. Cette lumière est bonne, elle est dans le bien, et le bien a une ontologie, c'est-à-dire qu'il a un être. Le bien crée l'univers. Le mal, lui, n'a pas d'être. Il n'est pas une valeur qui viendrait à côté du bien (nous serions alors dans un dualisme). Le mal vient dans l'univers, curieusement, pour le faire progresser. Quand on les dépasse, les épreuves de la vie, la maladie, la séparation, le deuil, on en sort toujours plus fort. Cela signifie que, sans les épreuves, je ne pourrais pas savoir qui je suis. On peut se prétendre courageux, mais sans épreuves comment savoir si cela est vrai ? La kabbale explique que la lumière est d'origine divine et que le mal, lui, est une sorte de logiciel qui aurait été mis au début de l'univers de façon que la lumière puisse être révélée à la longue, un parcours initiatique à l'échelle de l'univers. Pour le judaïsme, le bien n'est pas opposé au mal.

N'avez-vous pas le sentiment que les dangers, environnementaux notamment, nous menacent d'une annihilation complète ?

C'est possible. Vous savez, la kabbale dit quelque chose d'unique et extraordinaire : que notre monde est le trente-sixième brouillon, c'est-à-dire que, pour arriver à notre univers actuel, Dieu a fait trente-six essais.

Je trouve que cela ressemble encore un peu à un brouillon, pas vous ?

C'est un éternel brouillon. Dieu n'a pas créé un monde parfait, c'est à l'homme de le parfaire. Par ces trente-six expérimentations d'univers, Dieu désire s'approcher d'un meilleur équilibrage du bien et du mal. Grâce à cet équilibre, tout ce que nous pensons, voyons et aimons est contrebalancé. L'amour par la haine, le bien par le mal, le haut par le bas, la lumière par l'obscurité. De ces oppositions naît l'intérêt de vivre, de combattre, d'aimer, de s'engager, de créer… Tout vient dans notre monde de cette perpétuelle recherche d'équilibre entre la lumière et l'ombre. Un monde sans mal ne peut exister ; de même, un monde uniquement versé dans le bien disparaîtrait aussitôt. Sur le long terme — à la condition qu'elle ne disparaisse pas —, l'humanité avance vers plus de justice et d'équilibre. Le prix Nobel de littérature José Saramago a écrit cette phrase que je trouve parlante dans ce contexte : « Le chaos est un ordre qui n'a pas encore été déchiffré. »

Comment le judaïsme parle-t-il de l'espoir ?

C'est avec le premier Hébreu — Abraham, qui vécut aux alentours de 1800 avant Jésus-Christ — qu'est né l'espoir. Le premier message donné à Abraham est *Lekh Lekha,* qui veut dire : « Va vers toi-même. » Il s'agit du premier dialogue entre Abraham et son dieu. YHWH-Dieu ne dit pas à Abraham « Sois toi-même » ou « Connais-toi toi-même », comme il est inscrit sur le fronton du temple de Delphes. Non, il lui est dit que, pour être lui-même il va lui falloir partir, il va devoir bouger, quitter ce qu'il possède. Dieu, en prononçant les mots « va vers toi-même », invite Abraham à quitter son pays, le pays de son père et le pays où naquirent ses enfants, pour qu'il soit lui-même. Ce message est accompagné d'une promesse, et c'est dans cette promesse que l'on va voir poindre la naissance de l'espoir : « Je te donnerai un pays, et ta descendance sera aussi nombreuse que les étoiles du ciel. » Alors Abraham, qui était un homme riche, fils de notable, quitte son pays. Avant lui, c'était les anciens dieux, ceux de Sumer, les dieux babyloniens, des dieux dont la vie et les actes étaient réglés par la régularité implacable des astres. Tout rentrait dans un cadre prévisible. Le temps était absolument cyclique, les saisons, les solstices d'été et d'hiver. Le monde entier était écrasé par ce polythéisme de la prévisibilité. Le prévisible, c'est l'impossibilité de l'espoir. Né dans telle caste, je mourrai dans telle caste ; né forgeron, je mourrai forgeron, etc. Dans ce contexte cyclique, Dieu offre soudain l'espoir à Abraham, c'est-à-dire un temps linéaire ouvert au progrès, à l'évolution. « Tu vas aller vers toi-même », c'est-à-dire que la quête de soi va se faire par le mouvement. Abraham traverse le désert, va en Égypte… vers lui-même. Il quitte tout ce qui était déterminé dans sa vie : son pays, son père — il tue son père quelque part, pour être lui-même… Du pain bénit pour les psychanalystes ! Et il doit quitter également sa matrice maternelle. L'espoir représente cette possibilité, dans le mouvement, de se rencontrer soi-même. L'espoir, c'est sortir d'un système et ne pas avoir peur de tout perdre. Le judaïsme a conservé depuis Abraham ce message d'espoir : demain sera meilleur qu'aujourd'hui. Le messianisme, c'est l'idée que, malgré ce que nous voyons, tout ce qui nous pousse au désespoir, à la dépression généralisée, l'espoir est là, tout simplement. Le messianisme, c'est l'espérance en une ère à venir où nous serions tirés de l'obscurité. C'est savoir qu'adviendra quelque chose d'inespéré, d'inexploré. L'espoir, dans le judaïsme, réside dans la possibilité de l'intervention de l'inexplicable dans notre monde.

Cet espoir s'applique-t-il à tout le monde ?

Tout ce qui concerne les juifs concerne le monde. Le propre du messianisme est de dire que, même si on se croit complètement perdu, aux portes de la mort, il y a la possibilité du miracle. C'est extrêmement important. Miracle, en hébreu, c'est *Ness*. Cela désigne l'intervention dans notre monde causal — où les mêmes causes produisent les mêmes effets — de quelque chose que l'on n'attendait pas : un miracle.

Nous sommes dans un monde où, si je lâche cette cuillère, elle va toujours tomber. Dans notre monde, tout semble prévisible. L'espoir, c'est se dire que, dans ce système causal, il peut se produire quelque chose qui vienne d'ailleurs, une inspiration. Par « miracle », j'entends « ce qui casse le déterminisme ». Ça peut être le paranormal aussi. Qu'un jour cette cuillère, plutôt que de tomber, reste suspendue en l'air, et ce simple fait va changer le monde. Cette espérance est extrêmement ancrée dans le peuple juif : nous ne sommes jamais perdus. Même la Shoah, qui est la pire chose qui soit arrivée à un peuple dans toute l'histoire de l'humanité, n'a pas arraché l'espoir aux juifs. Ils n'ont jamais été embourbés dans le désespoir. Cet espoir en demain est une force indestructible.

Dans le cas du problème environnemental, quelle est la réponse face à cette apparente impuissance de l'action individuelle dans le judaïsme ?

La kabbale considère que se superposent quatre mondes : celui des émanations, monde de tout ce qu'il y avait avant que le monde ne soit créé ; celui de la Création ; celui de la Formation ; celui de l'Action, *Assiyah.* Ce n'est que l'action dans *Assiyah* qui change les mondes. Ce monde de l'action trouve sa réalisation dans la séphira *Malkhout,* nom de la dixième énergie, aboutissement de l'Arbre de Vie. *Malkhout,* c'est notre monde. C'est à partir de ce monde que les actions qui s'y produisent modifient les programmes des mondes supérieurs. C'est un point de vue tout à fait pragmatique, non pas spéculatif. On peut parler de choses abstraites comme nous le faisons depuis tout à l'heure, mais c'est par mes actions que je change le monde, par l'attention que je porte à chaque chose. Un peu comme les Indiens d'Amérique, qui ne vont pas prélever un plant de tabac sans le remercier. Le juif fait pareil. Il ne remercie pas le plant de tabac parce qu'il n'est pas animiste, mais il remercie le Créateur qui a créé le plant de tabac. Dans le judaïsme, nous remercions le monde, la beauté, la lumière, la rencontre à chaque instant de la vie. Laissez-moi revenir au premier verset de la Bible, dans la Genèse, *Bereshit bara Elohim,* qui veut dire : « Au commencement Dieu créa le ciel et la terre. » Le mot important, c'est *bereshit,* « au commencement ». La première lettre de ce mot est un *Beth,* qui signifie « maison », à l'instar du grec *oikos*, « maison » (qui est le préfixe « éco » d'écologie). Cela signifie que l'univers commence par le mot « maison ». Ce premier mot de la Torah marque ainsi l'impérieux souci écologique, « bethologique » de la pensée juive. Et qu'est-ce que notre maison ? C'est le monde. Nous en sommes terriblement responsables. Cette part qui nous est donnée, cette maison qui est la terre, est notre unique domaine de travail, d'évolution et de mutation personnelle et universelle. C'est pour cela que le sentiment écologique contemporain rejoint un des fondements du judaïsme : s'occuper de sa maison.

Dans la rencontre entre la lumière et l'ombre, malheureusement, l'environnement n'est pas le seul sujet d'inquiétude…

Il est vrai que le mal opère, on ne peut pas le nier. Quelque chose va arriver, je n'en connais pas l'ampleur, mais mon espoir, c'est qu'on trouvera une solution peut-être même à la dernière minute. De terribles événements surviennent, mais l'être humain en sortira grandi. C'est quoi, la survie ? Les juifs célèbrent chaque année la Pâque, qui commémore la sortie d'Égypte, qui est l'essence même de l'espérance : enfermés en Égypte, nous allions trouver la liberté. À travers les errances, les pires des persécutions et des désespoirs, les juifs se réunissent depuis toujours, parfois en secret, à l'occasion de la fête de Pâque, pour renouveler le contrat fait entre Dieu et les hommes. Ce contrat est celui de l'espoir. L'espérance, la confiance en un avenir de lumière est l'essence même de la vie.

Liliane Van der Velde

Voyage chamanique au cœur de la crise

Nos périodes de crise sont-elles le signe d'une déconnexion ? Liliane Van der Velde nous invite à trouver l'harmonie avec les forces qui nous entourent à travers le chamanisme.

Après avoir vécu très jeune des expériences mystiques, puis traversé la maladie, Liliane Van der Velde s'oriente tout d'abord vers des études de médecine, pour ensuite porter son intérêt sur une approche holistique du soin. Elle rencontre le chamanisme aux États-Unis avec Michael Harner, anthropologue mondialement connu et fondateur de la Foundation for Shamanic Studies, et continue son parcours auprès des Indiens hopis, puis en Angleterre, en Irlande et au Pérou. Elle est la fondatrice de l'école Nature Conscience et Chamanisme, et l'auteure de *Carnet de voyage chamanique* et des *Champs de connexion dans le système entreprise,* avec J.J. Stam. Depuis plus de trente ans, elle consulte, forme à l'approche thérapeutique chamanique qu'elle a développée et accompagne le développement d'entreprises. Elle nous parle ici de la vision chamanique de la crise et de la nécessité de retrouver les connexions avec l'univers conscient dans lequel nous vivons.

Qu'est-ce qu'une crise d'un point de vue chamanique ?

Ce peut être le symptôme d'une rupture avec une valeur essentielle, le signe d'un équilibre rompu, que ce soit à l'intérieur de nous ou dans notre environnement. Cela peut aussi être la manifestation que quelque chose nous cherche, que notre âme et l'univers tentent de nous parler pour révéler un de nos potentiels enfouis, cela afin que nous prenions une place plus adaptée. Notre société occidentale nous pousse à nous couper de tout ce qui nous entoure et considère notre monde comme de la matière inerte. Nous vivons donc actuellement de manière plus ou moins dissociée de notre environnement. Nous voulons contrôler la nature au lieu de collaborer avec elle. Nous nous spécialisons et nos performances techniques sont pointues, mais cette spécialisation nous sépare d'une réelle conscience de l'ensemble. Nous ne nous rendons plus compte de l'impact que nous avons sur ce qui nous entoure, que ce soit humainement ou écologiquement. Nous ne savons plus ce que nous mangeons, ce que nous buvons, d'où cela provient. Nous ne connaissons plus nos racines, qu'elles soient culturelles, géographiques, familiales ou spirituelles. Nous sommes en suradaptation, coupés de notre base et suridentifiés à une vision matérialiste du monde. Toutefois, nos compensations ne combleront pas les failles profondes de ce manque de racines et de liens avec le vivant. Cela crée le terrain propice à la crise. Nous voyons apparaître une forme de schizophrénie : nous ne sommes plus connectés à la conscience invisible qui anime toute chose et qui pourtant, d'un point de vue chamanique, sous-tend la réalité.

La crise signalerait la nécessité de renouer avec la vie autour de nous ?

Oui, dans la vision chamanique, tout est lié et interdépendant. Ce que nous voyons dans la crise, c'est la mise en évidence de nos coupures et de nos failles, qui se révèlent lors des changements importants et des poussées évolutives. À travers la souffrance vécue lors de ces crises, c'est la conscience de la séparation, du manque, qui apparaît. En réaction à cela, les gens ont souvent besoin de faire un retour aux sources. Ils vont chercher les causes et des solutions à leurs problèmes dans leurs origines, leur famille, leur psychologie, etc. C'est bien. Cependant, d'un point de vue chamanique, ces causes-là ne sont pas les seules raisons de la crise ou de la maladie. La grande raison, le vrai terrain pour la crise, c'est que nous avons oublié quelle est notre vraie famille : la nature, dont nous faisons partie, et l'univers conscient tout entier. Nous sommes intimement entremêlés avec tout ce qui vit sur terre. Par exemple, nous avons besoin de respirer de l'air, de boire et de manger. Nous sommes donc reliés aux plantes qui produisent de l'oxygène, à la terre, à l'eau et aux autres ressources qui permettent à ces plantes de pousser et qui nous constituent aussi. Nous ne sommes pas une « race à part », autosuffisante. Nous fonctionnons en symbiose avec le tout.

Face aux épreuves, le mot espérance apparaît-il dans le vocabulaire chamanique ?

Nous allons plutôt dire que notre société souffre de la maladie de l'oubli et que l'espérance, c'est de se souvenir du Grand Rêve — comme le nomment les aborigènes d'Australie —, cette grande toile qui relie toutes les choses entre elles et qui fait le lien avec le Tout. L'humain fait partie de ce Grand Rêve, il est au cœur de cette vaste toile d'araignée qui donne sens à la vie, mais il ne le sait plus. L'espérance serait de se souvenir de qui nous sommes réellement, d'où nous venons et de ce à quoi nous sommes reliés. L'espérance, c'est quand l'humain redécouvre qu'il fait partie d'un immense réseau intelligent plein de ressources et qu'il sent où est sa juste place dans ce tout. Il n'y a pas d'espérance s'il n'y a pas de sens et il n'y a pas de sens s'il n'y a pas de « reliance » à la vie.

Vous avez parlé de « poussée évolutive » qui pourrait provoquer des crises, qu'entendez-vous par là ?

La conscience universelle est en changement permanent. Elle vient nous remuer là où nous sommes, dans nos structures, nos identifications, nos compensations. Fondamentalement, nous pourrions nous adapter à ses mouvements si nous étions en lien naturel avec elle, mais quand un mouvement de conscience se fait chez une personne dissociée de sa base, de son corps même, les compensations qu'elle a mises en place ne font pas l'affaire. Cela la déstabilise au point de provoquer des crises. Nous comprenons alors que nous ne sommes pas aptes à faire face aux mouvements de la conscience, nous n'avons pas été éduqués à cela. Nous croyons maîtriser notre vie, mais, à ce moment-là, nous constatons que nous n'avons pas les bonnes ressources face à ce qui est plus large que nos petites structures. Ainsi, la crise est avant tout un mouvement de la vie, de la conscience qui entraîne la personne, le groupe ou la société avec elle. Ce n'est pas nécessairement négatif : elle nous emporte juste dans son sillon. La question est de savoir nager avec elle. Seulement, si nous sommes identifiés à une personnalité figée, c'est qui nous croyons être qui est remis en question dès que ça bouge. Le réflexe est alors de nous accrocher à ces identifications fabriquées par l'éducation, la culture, la société, là où il faudrait plutôt retrouver notre connexion au vivant naturel et lâcher ce qui n'a plus de raison d'être. C'est une véritable opportunité pour retrouver les liens manquants. Un moment de crise, dans la vision chamanique, nous invite à nous poser les questions suivantes : qu'est-ce qui est oublié ? Qu'est-ce qui n'a pas été respecté ? Qu'est-ce qui cherche à nous rejoindre ? Est-ce que nous avons perdu notre lien avec notre âme ou avec les valeurs qui nous fondent ? Est-ce une ressource, un « esprit » qui cherche à nous parler, à nous rejoindre pour grandir ? Le symptôme est une proposition d'évolution. Il devient douloureux pour la personne si elle y résiste.

Ainsi, des « esprits » chercheraient à collaborer avec nous ?

Du point de vue chamanique tout est vivant et a une âme. Comme les décrit le chercheur Rupert Sheldrake, les esprits sont les intelligences qui animent chaque groupe, famille, espèce, chaque champ morphogénétique. Chaque esprit spécifique est lui-même issu de la grande matrice de l'univers, du grand esprit. Les esprits ont encore cette conscience d'être reliés, de provenir de la même source. Donc oui, des esprits invisibles, intelligents, cherchent à collaborer avec nous, car nous faisons partie de cette grande famille. Il y a, en permanence autour de nous, des alliés pour notre évolution et notre guérison. D'ailleurs, beaucoup de ces champs intelligents, ou esprits, nous « parlent » dans nos rêves pour nous aider, et la meilleure manière de collaborer avec eux est de s'ouvrir à leur présence. Nous avons une responsabilité et un choix en tant qu'être humain de nous ouvrir, ou pas, à la vie, à sa bienveillance. Il faut aussi comprendre que, avec ou sans nous, les dimensions invisibles et intelligentes collaborent entre elles et trouvent des réponses ensemble. Nous couper de ces champs de ressources nous éloigne de solutions dont nous n'avons souvent pas idée. La guérison, d'un point de vue chamanique, provient donc de la réunification de champs complémentaires, d'une collaboration avec les esprits. Lorsque nous arrivons à nous relier à la vie, par exemple par la méditation, les méthodes de communication chamaniques ou la reliance en pleine nature, nous découvrons un univers intelligent plein de ressources. Nous comprenons que nous pouvons bénéficier de plus de soutien que nous ne le pensons.

Comment se reconnecter à ce potentiel de guérison ?

La vision chamanique nous fait tout d'abord regarder les choses d'une façon beaucoup plus large. Si la crise est la pointe d'un iceberg, nous n'allons pas regarder juste sa partie visible. Nous allons regarder tous les champs qui ont créé l'iceberg, et même l'océan sur lequel il flotte. Regarder le symptôme douloureux comme l'élément d'un ensemble plus vaste, le considérer comme un appel à retrouver le lien avec quelque chose d'oublié, de plus grand, peut déjà être guérissant. Ensuite, nous allons aussi appeler des esprits alliés. Ce travail se fait en état de conscience élargie, un état qui nous permet d'être en lien avec ces champs intelligents ayant chacun des qualités particulières, un savoir-faire particulier. Nous cherchons à communiquer et à collaborer avec eux.

Les états de conscience élargis sont donc des outils pour communiquer avec des champs intelligents ?

Oui. Lorsque je fais un soin chamanique, je pars du principe que je ne sais pas ce qui se passe, ni quelle est la bonne solution, puisque je suis moi aussi un être humain identifié à un spectre limité de la réalité. Je peux savoir des choses sur le plan humain restreint habituel, mais je n'ai pas nécessairement une vision de tous les plans. Je vais donc utiliser un état de conscience chamanique, un état de conscience élargie, pour me relier à des ressources alliées invisibles et dialoguer avec ces esprits, avec l'intelligence derrière les choses. Je vais demander à mes esprits alliés de rencontrer un point de vue ou un esprit supérieur qui, lui, est capable de voir la personne et son symptôme en totalité. Depuis cet endroit-là, je vais transmettre la demande de la personne, qui est de trouver les ressources ou la notion qui lui manque. Alors, peut-être que la ressource qu'elle recherche sera trouvée directement, ou peut-être que sera indiqué un moyen intermédiaire qui va lui permettre de retrouver cette ressource. Pour accompagner le changement, je vais voyager « chamaniquement » dans l'invisible et percevoir les différents champs qui constituent la personne. Je vais voir leurs déformations, leurs manques. Petit à petit, c'est comme si j'allais changer sa maison, la structure intérieure de sa conscience pour l'adapter à son nouvel état. Elle va ainsi se retrouver avec plus de moyens d'être en phase avec elle-même et de s'exprimer dans le monde.

Est-ce que, finalement, vous n'avez pas une action plus vaste en travaillant sur les champs reliés à la personne ?

Bien sûr. Dans la vision chamanique, nous ne pouvons pas évoluer seuls. Nous ne pouvons pas être heureux seuls dans notre coin. Toute personne est toujours connectée à d'autres champs bien plus larges. En un sens, son symptôme ne parle pas juste d'elle, mais de tous les champs dont elle est issue. À l'inverse, chaque individu qui va réintégrer des liens dans sa vie va contribuer à la cohésion des champs qui constituent la société dont il fait partie. C'est comme un hologramme, chaque partie représente le tout. Lorsque nous appelons un champ ou un esprit et que nous le laissons infuser chez une personne, son action se propage autour d'elle, dans sa famille, son travail, ses relations.

Qu'en est-il des « crises spirituelles » ?

Ce que nous appelons « crises spirituelles », c'est lorsqu'une personne accède à des états de conscience élargie mais ne parvient pas à les intégrer physiquement ou à les stabiliser suffisamment au quotidien. C'est lorsque la structure construite autour d'elle, à laquelle elle est identifiée, n'est pas adaptée à recevoir ces poussées de conscience. La personne peut avoir de grandes expériences extatiques, des envolées mystiques, mais elle manque d'ancrage dans sa réalité. Elle n'arrive pas à maintenir une cohésion interne et externe suffisante, et n'a donc pas les moyens d'intégrer ce qui lui arrive. Dans ces cas-là, il faut réparer ses champs pour que la conscience soit canalisée. Depuis quelques années, nous faisons face à une poussée collective de conscience assez forte et nous voyons de plus en plus de gens s'ouvrir à ces états de conscience élargie, avec souvent cette difficulté à les intégrer. Il est donc important d'apprendre à s'ouvrir à juste dose et à stabiliser les nouveaux états petit à petit au quotidien. Quand les repères changent, l'identification à ce que nous sommes change inévitablement. Le challenge se pose alors en ces termes : comment intégrer les changements de vision, à notre vie, notre quotidien, notre famille, notre entreprise ?

Quelle est votre vision de la crise que nous traversons actuellement ?

C'est à la fois une grande opportunité et un grand risque. C'est l'occasion de se relier à l'esprit et à l'âme des choses, comme à la nôtre, pour retrouver du sens et collaborer avec l'univers conscient. Le risque, c'est de gérer la crise depuis le niveau qui a justement généré ses symptômes, c'est-à-dire de façon dissociée, interventionniste, sans regarder les causes profondes. Le piège est de mettre des pansements temporaires, de faire encore plus de compensation, de boucher les trous et de repousser le problème un peu plus loin. C'est malheureusement ce que nous avons tendance à faire aujourd'hui, en tout cas au niveau économique et social. Ces pistes nous mènent dans des culs-de-sac. Toutefois, il y a aussi un nombre grandissant de personnes qui s'ouvrent à une conscience reliée au tout et qui intègrent de nouvelles pratiques de vie à leur quotidien. Des solutions pratiques à la crise émergent, et n'oublions pas que l'univers regorge de potentiels de guérison insoupçonnés. Nous ne pouvons donc pas réellement savoir ce que la crise actuelle va donner. Nous n'avons pas la vision d'ensemble de ce qui se passe, nous ne voyons pas toutes les dimensions qui sont à l'œuvre. Ce que nous pouvons faire à notre niveau, c'est accueillir ses symptômes, accepter de lâcher nos petites identités pour nous reconnecter à plus grand que nous, pour nous souvenir de notre réelle dimension. L'évolution de la conscience est contagieuse. Nous ne pouvons pas l'empêcher, nous ne pouvons pas empêcher la croissance de l'univers.

Cela veut-il dire que nous ne pouvons pas aller dans le mur ?

Certaines choses iront certainement dans le mur, celles qui restent dissociées de la vie et ne contribuent pas au tout, mais l'univers continue d'évoluer et nous aussi si nous acceptons de collaborer avec lui. Nous ne sommes pas faits pour rester ces petites personnalités construites qui veulent contrôler le monde. Nous sommes faits pour réaliser qui nous sommes. En termes chamaniques, nous sommes là pour révéler notre beauté, pour la faire rayonner dans et avec le monde. La crise peut nous amener à ça.

Patrick Burensteinas

La beauté du moment présent

Patrick Burensteinas est alchimiste. Quelle compréhension du monde sa pratique lui a-t-elle révélée ? La crise actuelle est-elle un passage obligé pour transmuter ?

Physicien de formation et passionné d'alchimie, Patrick Burensteinas a développé un art et une compréhension du monde qui lui permettent de poser sur celui-ci un regard déformaté. « L'alchimie est pour moi un moyen pour l'homme de retrouver sa place, de renouer le dialogue avec la nature et avec lui-même, non pas dans une vision magico-lyrique, mais dans un monde bien réel. Notre vision ne s'arrête pas à notre savoir, elle nous pousse vers la connaissance », écrit-il. De quelle connaissance s'agit-il ? En quoi peut-elle nous aider dans des temps difficiles ? Enthousiaste, le verbe agile, l'œil vif et amusé, Patrick Burensteinas aime à décrypter, conter, surprendre, élargir le point de vue, apporter un autre éclairage de la réalité. Auteur de livres tels que *le Mont Saint-Michel - le voyage intérieur, Heptalion, Chartres - cathédrale alchimique et maçonnique, la Trame - se soigner par l'énergie du monde* et *le Disciple - trois contes alchimiques,* il a aussi participé à une série de films sur les lieux sacrés et les secrets du Grand Œuvre, sur lequel il a travaillé pendant plus de trente ans. Conférencier et concepteur d'outils de développement personnels inspirés de la Voie, il organise régulièrement des formations et des voyages initiatiques. Comment calmer nos esprits agités et retrouver le chemin de la lumière ? Et si voir la beauté partout était l'une des clés ?

Pourquoi l'homme semble-t-il toujours en quête du meilleur ?

Je pense que c'est dans sa nature. Lorsque vous laissez des enfants livrés à eux-mêmes, ils finiront par jouer ensemble si leur groupe n'est pas trop important. À l'origine, l'homme était un mammifère comme un autre. Tant qu'il pouvait satisfaire ses besoins naturels — manger, dormir, s'abriter, se reproduire —, il ne cherchait pas autre chose. Le monde était formidable tant que nous vivions en petites unités de moins de dix personnes. Perdre quelqu'un dans sa tribu avait alors un fort impact, il n'y avait aucun intérêt à faire la guerre. Quand on devient trop nombreux, en revanche, l'énergie est plus difficile à canaliser, des clans se créent, des différends, des hiérarchies, des règles apparaissent. La société se rend indispensable, elle finit par nous faire croire que, sans elle, nous ne pouvons exister. Nous nous créons des besoins qui ne sont pas forcément justes : ce que je devrais avoir, ce que j'aspire à avoir, ce que les autres ont et pas moi… L'écart entre ces chimères et ce qui nous rend vraiment heureux engendre la dépression. Pourtant, le soleil brille pour tout le monde, il nous suffit d'ouvrir un robinet lorsque nous avons soif, nous sommes plutôt bien lotis ! La plupart des gens sont incapables de dire pourquoi ils ne vont pas bien. Certains répondent « C'est dans l'air », comme si nous étions contaminés par une force étrange, un brouillard délétère. À mon sens, cela n'a aucun fondement.

La crise actuelle serait-elle donc une illusion ?

Tout à coup, les caisses seraient vides, nous aurions basculé dans la crise, comme un yaourt cesserait soudain d'être bon le soir de sa date de péremption ? Je crois qu'il s'agit surtout d'une question de croyance, de foi. On parle d'ailleurs de « crise de confiance ». Tous les jours dans ce monde, il se passe des choses formidables, mais on sent une volonté politique, machiavélique, de faire peur aux gens pour mieux régner, de focaliser leur attention sur certains points pour éviter qu'ils ne portent leur regard sur autre chose. Prenez les labels bio : on ne devrait pas se féliciter qu'ils existent, mais s'indigner que tout le reste ne soit pas étiqueté « merde » !

Le marasme ambiant aurait-il néanmoins un sens du point de vue alchimique ? Est-ce une étape de calcination obligée pour avancer vers la sublimation ?

Je suis de plus en plus convaincu que la réalité est un hasard auquel nous nous sommes habitués, et dont nous corrélons les éléments a posteriori. En tant qu'humains, nous cherchons à rendre notre vie agréable, donc nous avons tendance à trouver une raison aux choses et à justifier nos actes. Nous ne pouvons imaginer nous investir pour rien. Le croyant dira que telle ou telle situation est la volonté de Dieu, ou qu'elle est une épreuve destinée à le faire avancer. L'alchimiste dira que l'humanité, comme la matière, passe par des périodes successives, sur lesquelles nous n'avons pas forcément prise. Vu sous cet angle, on pourrait estimer effectivement que le monde est en pleine période d'œuvre au noir, que les fleurs ne poussent bien que sur le fumier, que tout ce qui est instable finit par s'écrouler, donc que nous nous préparons à l'avènement d'une nouvelle ère. D'un autre côté, le philosophe cherche la perfection du moment présent. Ce ne sont pas les événements qui changent, mais notre faculté à voir la beauté. Par moments, nous occultons notre regard. Dans le métro, la majorité des passagers ont les yeux rivés sur leur portable, ils ne perçoivent rien alentour. Aussi paradoxal que cela paraisse, notre société communicante nous enferme. Un de mes maîtres disait que « la télévision est la porte d'entrée des démons », car elle nous sature tellement d'informations qu'elle monopolise notre attention. C'est une des définitions de Satan : en hébreu, ce mot signifie « l'obstacle », celui qui nous détourne de ce que nous avions à faire et nous empêche de voir la lumière. Quand Adam a quitté le jardin d'Éden, il s'est vêtu de « tuniques d'aveuglement », dit la Genèse. Ne plus être au paradis, c'est ne plus voir. On dit fort justement que notre période est « trouble », que nous sommes dans le « flou », que nous avons besoin de « faire le point ». Nous sentons bien qu'il nous faut réapprendre à voir.

D'où vient votre propre capacité à vivre heureux ?

C'est un état d'être, une prise de conscience. Je n'ai pas eu une enfance difficile, j'ai toujours trouvé le monde extraordinaire. Un jour, je me suis interrogé : et s'il suffisait que je décide que ma vie soit agréable pour que ce soit le cas ? Nous avons cette capacité à couder l'univers, mais nous l'utilisons souvent dans le mauvais sens : si nous croyons que nous allons prendre une tuile sur la tête, nous la prenons ! Au début, il faut rêver, vous dire « j'aimerais bien que... », puis vous vous rendez compte que les choses se réalisent. À chaque événement, vous devez penser « Quelle chance j'ai », même si ça aurait pu mal tourner (bonne nouvelle, vous n'êtes pas mort !). Petit à petit, les autres vont commencer eux aussi à trouver que vous avez de la chance. Plus ils l'affirmeront, plus cela deviendra vrai. Il ne s'agit pas d'aller chercher la fleur sacrée au fin fond du Tibet : le bonheur se niche dans la magie de la vie de tous les jours.

On a parfois l'impression qu'il faut traverser des difficultés ou des émotions fortes pour que la brèche se crée, que le regard change...

Notre héritage judéo-chrétien nous fait croire que la vie est souffrance, qu'il faut nous racheter, prouver notre mérite, mais il suffit parfois de discuter avec quelqu'un, de le sortir de son mental, pour qu'il retrouve son âme d'enfant. Quelle est la dernière fois que vous avez ri aux éclats ? Que vous avez regardé le soleil se coucher ? Que vous avez éprouvé une émotion véritable ? Que vous vous êtes senti en empathie ? Il m'est arrivé d'emmener des cadres supérieurs d'entreprise — des gens très sérieux en costume-cravate, habitués à diriger — dans une décharge anorganique, au milieu de vieux réfrigérateurs et de bouteilles vides. Je leur ai proposé de casser ce qui leur tombait sous la main. Au début, ils n'osaient pas, puis l'un d'eux s'est lâché, ça l'a fait marrer. À la fin, on aurait dit une bande de gamins, ils avaient la banane ! Parce qu'ils avaient trouvé en eux la capacité de dépasser le carcan très lourd de l'éducation et des préjugés. Là est la difficulté : si nous avons pris l'habitude de fonctionner d'une certaine manière, si celle-ci nous est devenue pathogène, changer requiert beaucoup d'énergie. Albert Einstein disait que la force de l'univers la plus difficile à surmonter est celle de l'habitude. On ne peut se réarranger si l'on ne se dérange pas.

Comment parvenir à entretenir cette façon d'être ?

Personnellement, je suis à l'écoute de ma sérénité. Si quelque chose me fait mal, j'arrête. En revanche, si je me sens bien, si mon environnement est agréable, c'est que je suis à ma place. Je n'en demande pas plus, je ne cours pas après les choses. Il me semble aussi primordial de dépasser ses peurs : peur de ne pas y arriver, peur des autres, peur de ne pas être aimé… La plupart de nos travers viennent de là. Parvenir à me dire que je n'ai rien à prouver à personne m'a procuré un énorme soulagement et une immense liberté. Bien sûr, quelques minutes avant de donner une conférence devant quatre cents personnes, je suis vert, mais, au moment d'entrer en scène, je me dis : « Tu n'as rien à prouver, raconte ton expérience, les gens prendront ou pas, ils en feront ce qu'ils veulent. »

Que peut apporter votre parcours d'alchimiste ?

Je crois en la vertu de l'exemple. Si vous êtes heureux et que vous rayonnez, cela aura un impact positif autour de vous. C'est une mécanique, un principe actif. De même qu'on ne peut échapper à une masse de ténèbres, on ne peut échapper à une masse de lumière ! Certains alchimistes ne dévoilent rien de leurs secrets. Je suis plutôt pour montrer, sans donner de leçon, ce qui peut être su par tout le monde. Le simple fait de vouloir comprendre la nature, de mettre le nez dessus, nous amène à nous arrêter pour regarder. La contemplation, c'est « l'ouverture du temple ». Pas besoin d'aller dans une cathédrale ! On peut vivre le meilleur instant du monde en regardant les gens passer dans la rue. La contemplation induit un état particulier. Ensuite, certaines choses se révèlent à vous, sans que vous vous y attendiez ni que vous soyez en recherche. Ainsi, il n'y a pas si longtemps, je me suis mis à voir la beauté partout. J'étais dans un train, je revenais d'une conférence, rien ne me préparait à une telle expérience. J'ai eu la sensation de voir. Pendant une semaine, une phrase a tourné dans ma tête : « Regarde comme c'est beau, regarde comme c'est bien fait. » J'étais capable de passer une demi-heure devant une petite cuillère ! Quand on regarde précisément, on perçoit des formes incroyables. Depuis, cette sensation ne me quitte plus. Bien sûr, le monde de la matière et des hommes me rattrape de temps en temps, mais cette capacité d'émerveillement reste en toile de fond. Un jour, en sortant de chez moi, j'ai regardé la pluie. Par terre, les nuages se reflétaient dans les flaques, j'avais l'impression de marcher dans le ciel. Chaque goutte qui heurtait le sol provoquait un effet d'une beauté absolue. J'aurais pu me dire : « Il pleut, il fait froid. » J'ai passé une super-journée.

Peut-on entendre que la beauté est partout quand on est victime de l'oppression et de la violence ?

Le chaos est dans l'agitation, la beauté est dans l'immobilité. Aussi intolérable que soit une situation, si on arrête le temps un moment, le chaos disparaît. Mon père était un activiste, il a posé des bombes contre le régime hitlérien pendant la Seconde Guerre mondiale. Il s'est retrouvé à devoir choisir entre son épouse et sa fille pour sauver l'une d'elles. Il a choisi le bébé, puis s'est fait volontairement prendre pour tenter de retrouver sa femme dans un camp, en vain. Malgré tout, en Allemagne, il a rencontré un peintre qui n'était pas nazi. Ils ont sympathisé. Au dos d'un des tableaux de celui-ci, que j'ai dans mon bureau, il est écrit : « Souvenons-nous que nous avons quand même passé de bons moments. » Il est possible de trouver des bulles de lumière au milieu d'océans de chaos. Il suffit parfois de la flamme d'une bougie pour éclairer les ténèbres. Il ne s'agit évidemment pas de trouver des excuses à l'horreur, mais de comprendre que nous sommes capables du pire comme du meilleur. La beauté et le cœur ont le pouvoir de nous rendre immobiles, silencieux, alignés. Aujourd'hui, on nous inonde d'informations terribles. Est-ce toujours une bonne chose ? N'est-ce pas diluer notre capacité d'éclairage dans trop de ténèbres ?

Comment voyez-vous l'avenir ?

L'histoire est cyclique : croissance, apogée, stabilité, déclin, effondrement, disparition… Aucune civilisation n'y échappe, c'est une mécanique : on jette une balle en l'air ; un jour, elle retombe. Regardez la Russie : après s'être libérée du joug des tsars, elle s'est dotée d'un régime presque aussi totalitaire. Nous n'éradiquerons jamais les maladies, car les maladies, c'est la vie. Pour nous, elles sont un fléau, mais du point de vue du virus, c'est la terre promise ! Nous nous sommes comportés sur la planète comme de la moisissure sur une orange. Normal qu'elle cherche à se défendre... Je ne pense pas que nous puissions changer le monde, mais nous pouvons nous changer dans ce monde. Pour moi, celui-ci est comme une Moulinette ; si tout y était merveilleux, il ne servirait à rien d'y venir ! Je dis toujours « N'ayez pas peur d'aller en enfer, vous y êtes ! » Je n'emploie pas « enfer » au sens chrétien du terme, mais en tant que lieu qui nous « enfer-me ». Le monde ne changera jamais : son rôle est de nous confronter à notre agitation. Le but du jeu est de la dissiper. Nous sommes dans une bulle, dont il faut chercher la sortie.

Que pensez-vous de l'espérance ?

Regretter ou espérer sont le signe que notre présent est vide. Peut-être n'avons-nous rien à attendre : la perfection est là, même si on ne la voit pas ! La seule question alors pourrait être : quand serai-je capable de la percevoir ? Nous sommes dans un maelstrom de choses qui nous dépassent, mais, à l'intérieur de celui-ci, nous pouvons trouver la beauté partout. On peut y voir un sens, même s'il n'y en a pas, et celui-ci peut être radieux. Je suis également persuadé que, quoi qu'il arrive, la matière retournera à la lumière, les ténèbres seront transformées en lumière. Le reste n'est que péripéties.

Est-il possible d'enseigner à voir la beauté partout ?

Je dirais plutôt que cela se transmet. Il ne s'agit pas d'indiquer un chemin, mais de semer des graines pour inciter les autres à se demander ce qui les rend vraiment heureux et à trouver leur propre voie. Le bonheur est une expérience difficilement descriptible. Aucun être humain ne peut donner l'initiation ni la lumière. En revanche, il peut mettre dans des situations propices à la recevoir. Un enfant qu'on laisse ventousé devant la télévision aura moins de chances d'atteindre la lumière que si on l'emmène à l'extérieur pour voir, sentir, toucher… Contrairement à ce que fait notre société, il faut inviter les enfants, les jeunes, à participer, il faut aller les chercher là où ils sont, échanger avec eux, ne pas les prendre pour des imbéciles… Transmettre, c'est « aller vers ». Lorsque vous leur faites fabriquer quelque chose, ils sont très fiers ! Beaucoup de jeunes aujourd'hui s'enferment dans des mondes virtuels. Celui qui les entoure est merveilleux, mais ils ne le connaissent pas ! C'est à nous de le leur faire découvrir. Si vous les emmenez en forêt en leur racontant des histoires qui les captivent et les touchent, leur esprit en sera marqué. Quand mes enfants étaient petits, je leur disais qu'il fallait faire attention au monstre qui se cachait au creux des arbres. Vingt ans après, ils s'en souviennent encore. La mythologie et les contes parlent directement à l'âme, elles transmettent des clés. D'ailleurs, beaucoup de films de super-héros sont bâtis comme des tragédies grecques ! Dans la série de livres pour enfants que je suis en train de préparer, chaque histoire s'accompagne d'une expérience à réaliser avec du sel et de l'eau, et d'un jeu de comparaison de textures en lien avec la nature afin de les inciter à y aller. Le but est de les faire expérimenter et de nourrir leur faculté d'émerveillement. Pour moi, le bonheur est forcément simple. « Fais maintenant ce que tu voudrais avoir fait quand tu mourras », est-il écrit sur le gisant de Gisors… On me demande souvent comment savoir si une voie est bonne. La réponse est simple : essayez ! Et si ça ne marche pas, essayez autre chose ! Ce qui est diabolique et fractionnant, c'est de persister dans l'erreur. Nous sommes là pour nous planter. Lorsqu'on plante, on pousse.

Jean-Yves Leloup

Tout s'effondre, sauf la vie

Enseignant de renommée internationale, respecté pour la profondeur de ses propos, Jean-Yves Leloup nous parle de cet état d'espérance qui apparaît lorsque l'espoir ne peut plus nous venir en aide.

Philosophe, théologien, psychologue et prêtre orthodoxe, auteur ou coauteur de près de soixante-dix ouvrages, membre de l'Organisation des traditions unies et docteur honoris causa *es* sciences à l'université de Colombo (Sri Lanka), Jean-Yves Leloup surprend par son parcours singulier. Alors qu'il est jeune (et athée), il tombe gravement malade à Istanbul, au point d'être déclaré cliniquement mort. À sa sortie du coma, il rejoint la République monastique du Mont-Athos où il est baptisé orthodoxe. Pour découvrir la tradition catholique romaine, il entre chez les dominicains et y devient prêtre. Il se plonge alors dans une quête intellectuelle rigoureuse, s'intéressant notamment à Maître Eckhart et à Thomas d'Aquin. Après quinze ans de vie religieuse catholique, il rejoint l'Église orthodoxe, qui seule lui « semble demeurer fidèle aux racines de la tradition chrétienne ». Cet homme remarquable, qui enseigne en Europe, aux États-Unis et en Amérique du Sud dans des universités et des instituts de recherche en anthropologie fondamentale, nous invite à une réflexion sur l'expérience de métamorphose personnelle et collective à laquelle la crise actuelle nous confronte.

D'après vous, qu'est-ce que l'espérance ?

Je crois que l'espérance commence quand il n'y a plus l'espoir. L'espoir, c'est nos désirs, nos calculs, nos projections. C'est tout ce que nous cherchons à obtenir. L'espérance apparaît lorsque nous avons lâché tout espoir, lorsque nos béquilles, nos points de repère ne peuvent plus nous être utiles et que nous découvrons en nous une autre force, une autre dimension, qui nous fait aller plus loin. Ainsi, l'espérance, pour moi, émerge de la métamorphose plus que d'une continuité. La chenille est sans espoir, le papillon est son espérance. Si la chenille se visualise dans une continuité, il n'y a pas d'espoir pour elle ; si elle accepte la métamorphose, il y a de l'espérance. Pour nous autres théologiens, l'espérance est une vertu théologale, c'est-à-dire une vertu divine. Elle fait appel à un autre plan de conscience. L'enchaînement des causes et des effets qui opèrent à notre niveau ne permet pas l'espérance. Nous récoltons ce que nous semons et devons faire face aux conséquences de nos actes, à notre karma pourrions-nous dire. Mais notre réalité ne se réduit pas à ce niveau-là. C'est comme quand Abraham comprend que Sodome et Gomorrhe vont être détruites. Il voit que ce n'est pas Dieu qui les détruit, que c'est l'enchaînement des causes et des effets, que c'est la justice immanente qui va créer leur perte. Pourtant, bien qu'ayant compris qu'il n'y a pas d'espoir, il continue à intercéder. Comme s'il y avait une autre dimension, un autre plan du réel qui pourrait tout changer.

Pensez-vous que la crise actuelle nous demande d'effectuer une métamorphose et de nous ouvrir à d'autres dimensions ?

Nous allons actuellement dans le mur dans beaucoup de domaines : économique, écologique, religieux… Nous sommes dans un monde où nous avons épuisé un certain nombre de ressources. La crise est alors ce moment où nous sommes allés au bout de certaines de nos propres capacités et où nous sommes obligés de nous reconnecter à la source, sinon nous nous épuisons. Sans la source de l'existence, il n'y a pas d'existence. Lorsque nous nous éloignons de l'être, de la conscience, de l'amour, nous nous coupons de la vraie force qui nous anime. Nous sommes comme de l'eau coupée de sa source qui, à plus ou moins long terme, perd sa fraîcheur et finit par croupir. Le monde actuel est un monde fatigué, épuisé. Et cet épuisement, cet effondrement nous obligent à revenir à l'essentiel : le lien avec l'être, qui pour beaucoup d'entre nous est perdu. Il me semble que ce que nous recherchons vraiment, parfois sans en être réellement conscients, c'est à retrouver l'être même. Alors, lorsque nous ne prenons plus appui sur nos désirs, nos espoirs, nos propres ressources, mais sur quelque chose de beaucoup plus vaste que nous, l'espérance peut naître. Ainsi, notre crise est à la fois un épuisement et un renouvellement. Les deux sont là. C'est pour cela que j'aime l'idée de métamorphose.

Vous avez beaucoup parlé de l'apocalypse, y a-t-il nécessairement une renaissance derrière ?

Apocalypse veut dire « dévoilement ». C'est l'effondrement de ce qui n'est pas. C'est la révélation de ce qui est. En même temps que grandit la crise, est en train de naître ce qui peut la résoudre. Souvent, nous n'entendons que le bruit des chênes abattus, mais pas celui de la forêt qui pousse. Pourtant, elle pousse. Tout s'effondre, sauf la vie. La vie ne s'effondre pas. La vie est toujours derrière, quoi qu'il arrive. Au niveau personnel, l'apocalypse, c'est lorsque je perds mes illusions. Toutefois, je n'ai que des illusions à perdre. Notre pseudo-identité, ce que nous imaginions être, nos représentations se brisent, certes, mais cette chute est bénéfique. Bienheureuse catastrophe, pourrions-nous dire, puisque ce qui s'effondre, ce sont des fausses idées de nous-mêmes, ce sont des mensonges. La question est de voir ce qui naît de cet effondrement ? Que reste-t-il lorsqu'il ne reste plus rien ? Là, nous pouvons commencer à nous appuyer sur l'être même. Nous ne nous accrochons plus à des choses, nous reposons sur la vacuité d'où naissent toutes les choses. C'est pour cela que l'expérience de la dépression peut être initiatique, parce qu'elle offre l'opportunité d'aller au bout et de toucher l'être. Lorsque nous allons au bout de la chenille, nous pouvons voir naître le papillon. La vie nous oblige à vivre certaines expériences durant lesquelles nous perdons nos illusions. L'hiver fait partie du chemin vers le printemps... et sans hiver il n'y a pas de printemps.

Ne peut-il pas être difficile d'entendre que s'accrocher à des espoirs nous empêche de nous ouvrir à cette dimension de l'être ?

Perdre espoir, ce n'est pas être dans le désespoir, c'est abandonner toute attente pour entrer dans l'espérance. Cela étant dit, avoir de l'espoir n'est pas mauvais. Nous espérons que ça ira mieux, pourquoi pas ? Mais nous vivons dans une époque où cela devient de plus en plus difficile d'avoir de l'espoir, de se raconter des histoires, de se faire des illusions. C'est comme avoir l'espoir que nous n'allons pas mourir. Bien sûr que nous allons mourir. Et alors ? Cela fait partie de la vie. Dès que nous sommes nés, nous sommes assez vieux pour mourir. Ce que nous ne voyons pas, c'est que la mort elle-même est un moment de métamorphose, d'où l'importance de mourir avant de mourir pour que cette transition se fasse au mieux. C'est ce que disent tous les grands initiés dans toutes les traditions. Mourir avant de mourir, c'est faire l'expérience d'un état sans espoir, d'un abandon à l'être. Et derrière tout cela, la vie ne meurt pas. Elle a été là avant nous, elle est là pendant que nous sommes là, et elle sera là après nous.

Le problème, c'est que nous fondons nos espoirs sur une vie mortelle, il arrive donc un moment où ça ne peut pas marcher. Il faut goûter une vie qui ne meurt pas en nous pour avoir de l'espérance.

Comment êtes-vous, en tant que personne, entré dans l'espérance ?

En mourant à ce que j'appelais « moi », avec mon identité de jeune homme assez prétentieux. Ça, j'ai dû le laisser dans les caniveaux d'Istanbul, où, à la suite d'une série d'expériences, j'ai été ramassé et déclaré mort cliniquement. J'avais choisi d'aller au bout de ce dont parle Rimbaud : un dérèglement de tous les sens. Je voulais aller aux limites. Pour moi, le point de départ a donc été la mort de tout ce dont j'avais rêvé, de toutes mes illusions, de toutes mes représentations. Là, j'ai compris qu'il y a dans cette vie une autre dimension qui ne meurt pas. Le piège serait de l'opposer à la vie mortelle, qui est de la vie éternelle dans le temps, de la vie infinie dans un corps temporel. Il s'agit juste de ne pas oublier de goûter cette vie éternelle en nous, de sentir de temps en temps que ça nous chatouille, qu'il y a de l'ouvert en nous.

Comment l'Occident peut-il comprendre cela ?

Tout cela peut être dit dans un langage scientifique. Lorsque nous allons au bout de ce que nous pouvons saisir, nous constatons que nous débouchons sur de l'insaisissable. Qu'est-ce que la matière ? C'est de l'énergie. Qu'est-ce que l'énergie ? C'est de l'information, et avec l'information nous nous approchons du silence, de l'insaisissable. Donc, ce dont je parle, ce n'est pas d'un arrière-monde, d'un outre-monde, c'est le cœur même de la matière qui est conscience et inconnu. Il s'agit alors d'aller au bout : si nous nous arrêtons à une vision classique de la matière, nous ne le verrons pas, or nous sommes peut-être nés pour nous éveiller à cette dimension de conscience au cœur de la matière. Pour cela, personnellement, j'aime le cheminement de la philocalie, qui consiste à cultiver l'amour de la beauté. Il s'agit alors non seulement d'observer et de questionner le monde, mais de le célébrer et de remercier. Il y a des choses que nous ne pouvons comprendre que si nous les remercions. Vous allez me dire que remercier sa maladie est difficile. Pourtant, remercier veut dire accepter ce qui est, ne faire qu'un avec. À ce moment-là, le sens de l'expérience peut apparaître. Il y a une forme de connaissance oubliée dans la célébration, dans le remerciement.

S'agit-il de voir au-delà des circonstances ?

Oui, il s'agit de ne pas nous enfermer dans un seul niveau de réalité. Une crise, c'est à la fois une déchirure et une transparence qui nous permet un autre niveau de vision. C'est, par exemple, comme lorsque nous regardons un visage et que tout d'un coup nous voyons la présence de l'être qui vient à travers ce visage. Nous regardons un arbre et nous voyons l'énergie qui est en lui. C'est ce qui peut arriver dans la maladie. Parfois, cela fait tellement mal, mais à un moment nous ne sentons plus rien. Il y a un passage, une métamorphose, nous passons sur un autre plan de conscience. Tout cela, au cœur même de la douleur physique. Nous voyons le même processus avec la douleur psychique. Et tant que nous cherchons des explications, nous nous enfermons davantage. Gilbert Chesterton, un écrivain anglais, disait qu'un fou est quelqu'un qui a tout perdu sauf la raison. Il arrive un moment où tant que nous voulons avoir raison, tant que nous voulons expliquer les choses, cela nous rend fous, car nous n'y arrivons pas. En revanche, au moment où je deviens fou, où j'accepte de ne pas comprendre, je passe au-delà. Ce que je trouve alors, c'est du sens, qui est plus que de l'explication.

Et ce sens ne sera peut-être pas celui que j'avais imaginé et que mon espoir avait créé.

Les témoignages de personnes qui ont traversé des épreuves douloureuses et qui en arrivent à remercier leur souffrance sont toujours étonnants.

Oui, pour beaucoup, l'épreuve est un chemin initiatique. Pourtant, la question reste de savoir s'il est nécessaire de tant souffrir. Il y a assez de souffrance dans le monde, il ne faut pas en rajouter. Il faut tout faire pour souffrir moins. Mais quand la souffrance est là, quand la mort est là, que faire ? Il s'agit d'être un avec ce qui est. Heureusement, il y a aussi d'autres voies pour s'ouvrir à l'être. C'est là qu'il s'agit de développer d'autres méthodes d'initiation moins douloureuses que celle que nous impose autrement la vie. Parce que la vie va parler à chacun un langage qu'il comprend, un langage qui le met face à lui-même pour arrêter de se mentir, de se raconter des histoires. Pour les uns, c'est le langage de la nature, pour les autres, c'est le langage de l'accident ou de la maladie. Comme nous l'avons vu, il est alors possible de cultiver une ouverture par certaines méthodes contemplatives, comme la méditation, la prière, l'amour, la rencontre, l'accès à la présence de l'être. Nous apprenons alors à garder le fil. Du coup, lorsque nous sommes sur un lit d'hôpital ou au milieu d'un tsunami, il devient plus facile de garder la continuité du souffle auquel la conscience peut se mêler, de rester reliés à un point qui nous relie à l'être et qui ne peut être détruit.

N'y a-t-il pas des moments où nous n'arrivons pas à traverser l'épreuve ?

Quand j'étais chez les dominicains et que j'accompagnais à la liturgie, j'ai vu une personne qui avait une sclérose en plaque.

Elle me dit qu'elle détestait sa mère, dont elle avait dû s'occuper toute sa vie et qui l'avait empêchée d'épouser l'homme qu'elle aimait. Toute une haine s'était accumulée dans son corps. Sa mère était maintenant décédée, mais cette personne continuait à être de plus en plus malade. Il me semblait qu'il y avait quelque chose de sa relation avec sa mère qu'elle n'arrivait pas à transformer. Je lui ai suggéré de pardonner à sa mère. Là, elle me dit : « Ça, certainement pas ! Ma haine, c'est ce qui me tient en vie, c'est ce qui me fait exister. Sans cette haine, je ne serais plus là ». Je me suis alors excusé en lui disant qu'effectivement j'étais peu conscient de ce que je lui demandais, que ce qu'elle avait vécu était sûrement impardonnable. Donc oui, parfois, il est très difficile d'accepter la métamorphose. Et puis, en cheminant encore un peu avec elle, je lui ai dit : « Si vous ne pouvez pas pardonner, est-ce que peut-être vous pouvez croire qu'il y a en vous plus grand que vous qui peut pardonner ? Vous êtes chrétienne, vous venez à la liturgie, est-ce que vous pouvez croire que le Christ lui pardonne ? » J'ai vu en elle le combat que mes paroles ont généré. Est apparue, au point de vue énergétique et psychologique, une densité qui semblait faire son travail de l'intérieur. Pendant tout un temps, elle est restée avec ça. Et puis, à un moment, les larmes ont commencé à couler, à couler. Elle s'est levée de son siège — dans lequel elle était immobilisée depuis une dizaine d'années —, et elle s'est mise à marcher. C'est le miracle du pardon. Mais ce miracle n'a pu se faire que parce qu'elle a accepté qu'elle ne pouvait pas pardonner. Ce n'est pas le Moi qui pardonne, c'est le Soi, notre partie divine en quelque sorte. Le Moi ne traverse pas la crise, c'est le Soi qui apparaît. Là, le Moi peut lâcher. Les choses les plus ordinaires peuvent être un lieu d'épiphanie. Les plus petites choses sont souvent le support de cette transformation. Sinon, le risque est d'idolâtrer ces états non ordinaires de conscience. Il ne s'agit pas de rechercher l'ordinaire ni l'extraordinaire, mais de rechercher cette présence de l'être. Saint Augustin disait : « Vous vous étonnez parce que le Christ change l'eau en vin, mais la vigne fait cela tous les ans. » Nous avons souvent besoin de choses extraordinaires pour nous éveiller à cette conscience, et chaque instant est le moment favorable pour s'ouvrir à la présence.

Vous suggérez qu'il nous faut aimer nos échecs et nos crises, pouvez-vous nous en dire plus ?

L'amour, c'est ne faire qu'un avec ce qui est. Tout est occasion d'aimer, tout est occasion de conscience et d'amour. Quelquefois, les épreuves sont là pour nous faire grandir en conscience et en amour. Et tout ce qui n'est pas accepté, aimé, n'est pas transformé. Je fais beaucoup de pèlerinages. Une fois, en allant à Saint-Jacques-de-Compostelle, je cheminais avec une femme qui venait de perdre son enfant. Elle avait beaucoup de mal à avancer. Elle disait : « Mon chagrin me retient en arrière, c'est trop lourd, je dois m'en débarrasser. » Puisque nous étions sur le chemin de Compo-stella, l'« étoile », je lui ai demandé si elle pouvait imaginer que la mort de son enfant, au lieu d'être un fardeau, faisait qu'il la précédait, qu'il était comme une étoile devant elle plutôt qu'un boulet derrière. Je me souviens de ce moment où elle m'a dit qu'effectivement son enfant pourrait être comme un guide, une lumière sur son chemin. Toute la question est donc : qu'est-ce que nous faisons de nos échecs ? Un mur ou une porte ? Avec la même maladie, certains s'enferment dans leurs symptômes quand d'autres en font un passage. L'échec d'une forme d'amour n'est pas l'échec de l'amour. J'aime la parole de Jésus qui dit : « Soyez passant. » Nous sommes des pèlerins sur la terre, acceptons de ne pas nous arrêter sur un état ou un autre.

Est-ce que notre société assume son échec ?

Non, pas du tout, nous n'acceptons pas d'être mortels, nous n'acceptons pas l'autre dimension de la vie. L'apocalypse décrit bien ce processus : c'est le dragon, la volonté de puissance, de domination, d'appropriation. Et tout cela est lié au fait que nous n'assumons pas nos manques. Nous essayons de remplir nos vides avec des choses qui relèvent de l'espoir et non de l'espérance. Accepter d'être vide, c'est ouvrir une relation différente à l'autre, au monde. Nous pouvons alors percevoir les choses dans leur gratuité, voir qu'elles ne nous sont pas dues, mais données. En retour, nous pouvons comprendre que la seule chose qu'on ne pourra jamais nous enlever, c'est celle que nous avons donnée. Le don est le secret des crises. Ce que nous avons offert ne peut plus nous être retiré. Et, quelle que soit la tempête, il y a en nous la présence de l'être, de l'ouvert. Il s'agit d'invoquer cette présence. Et dès que nous avons refait le lien avec ce lieu de vérité, de pureté, il se fait un grand calme, même au cœur de la crise.

Pour aller plus loin : www.inrees.com

L'Institut de recherche sur les expériences extraordinaires, l'INREES, se penche avec sérieux sur ces sujets que nous qualifions d'extraordinaires, voire de surnaturels. En ces temps où émergent de nouveaux champs de connaissance, l'INREES offre un cadre pour parler de science et de spiritualité, des dernières recherches sur la conscience, de la vie, de la mort, et rapprocher de manière scientifique et rigoureuse le monde visible du monde invisible, sans tabous, sans préjugés, avec rigueur et ouverture.

Le site www.inrees.com est aujourd'hui le plus vaste espace d'information rassemblant les références scientifiques disponibles sur ces questions, des articles inédits, des vidéos et toute l'actu de l'extraordinaire… parce qu'il est possible de s'intéresser à ces expériences que nous n'arrivons pas à expliquer tout en conservant les deux pieds sur terre.

L'INREES est également sur papier avec *Inexploré Magazine,* une publication de référence à destination du grand public, aux frontières de la psychologie, de la spiritualité et des sciences. Vous le trouverez en kiosque ou sur abonnement (pour plus d'information, rendez-vous sur www.inrees.com).

Propos recueillis par

Stéphane Allix : J'ai déjà vécu la chute d'un monde, p. 13 ; En guerre contre le pessimisme, p. 81 ; L'empathie, une arme de choc, p. 91 ; Je suis optimiste par effort, p. 101 ; J'ai foi en l'imprévisible, p. 167.

Stéphane Allix et Réjane Ereau : Je crois à un éveil des consciences, p. 123.

Stéphane Allix et Miriam Gablier : Bouddha se passe de l'espoir, p. 145.

Stéphane Allix et Sébastien Lilli : On peut encore faire face, p. 57.

Réjane Ereau : Combat pour mon fils, p. 27 ; Unis dans le couloir de la mort, p. 37 ; De l'humiliation au pardon, p. 45 ; Décryptage d'un monde en mouvement, p. 157.

Réjane Ereau et Sébastien Lilli : La beauté du moment présent, p. 185.

Miriam Gablier : Vers une génération de partage et de collaboration, p. 69 ; La maladie, cette aventure intérieure, p. 113 ; Rire sur ordonnance, p. 135 ; Tout s'effondre, sauf la vie, p. 195.

Miriam Gablier et Sébastien Lilli : Voyage chamanique au cœur de la crise, p. 175.

INREES
& inexploré
MAGAZINE

67, rue Saint-Jacques – 75005 Paris
www.inrees.com
Fondateur et directeur de la rédaction : Stéphane Allix
Directeur de la publication et rédacteur en chef : Sébastien Lilli
Rédactrices : Réjane Ereau et Miriam Gablier

Éditions Solar
Direction : Jean-Louis Hocq
Direction éditoriale : Suyapa Hammje
Édition : Maëlle Sigonneau
Rédaction : Chloé Chauveau
Conception graphique et réalisation de l'intérieur : Nord Compo
Conception graphique et réalisation de la couverture : Caroline Joubert
Fabrication : Céline Premel-Cabic

ISBN : 978-2-263-07141-6
Code éditeur : S07141
Dépôt légal : janvier 2016
Achevé d'imprimé en France par Normandie Roto Impression s.a.s. (1505890)

Solar | un département **place des éditeurs**

place
des
éditeurs

HarmonieSolar
Retrouvez-nous sur www.solar.fr